Winfried K. Dallmann

Die Insel hinter dem Eisernen Vorhang

Eine Geschichte aus dem geteilten Berlin

Für meine Eltern
Hannelore und Horst
ohne die das alles nicht hätte geschrieben
werden können

Bibliographische Information der Deutschen Nationalbibliothek:
Die Deutsche Nationalbibliothek verzeichnet diese Publikation in der
Deutschen Nationalbibliografie; detaillierte bibliografische Daten
sind im Internet über http://dnb.dnb.de abrufbar.

Herstellung und Verlag:
BoD – Books on Demand, Norderstedt

ISBN: **978-3-756-85974-0**

Inhalt

Meine kleiner Bruder Wolfgang und ich, 1966

VORWORT

Dieses Buch dreht sich zumeist um die Zeit des Kalten Krieges, etwas auch um die Zeit davor und etwas um sein Ende. Aber es ist keinesfalls eine Analyse jener Zeit und auch keine vollständige, weder objektive noch subjektive, Übersicht. Davon gibt es bereits eine Vielzahl. Es ist vielmehr der Bericht eines Jungen, der vor dem Hintergrund der Begebenheiten in West-Berlin aufgewachsen ist, was er gesehen und gehört hat und wie er es heute, ein halbes Jahrhundert danach, sieht, wenn er darauf zurückblickt. Dieser Junge war ich.

Ich wurde 1956 geboren. Einer der ersten Momente, an die ich mich in meinem Leben lebhaft erinnere, ist, als meine Eltern vor 60 Jahren eines frühen Morgens plötzlich sagten, dass wir jetzt Oma und Opa nicht mehr besuchen könnten. Ich war erschrocken und glaubte es kaum. „Und was ist mit Omi und Opi?" fragte ich ungläubig. „Nein, die leider auch nicht mehr", sagte meine Mutter traurig. Es muss der 13. August 1961 gewesen sein.

Sie lebten alle im Osten der Stadt. Wir wohnten im Westen. Dazwischen stand plötzlich die Mauer.

In diesem Buch will ich darüber schreiben, wie ich mich an mein Großwerden in der geteilten Stadt erinnere. Und ich werde alle die Geschichten aufschreiben, die ich von meinen Eltern über diese Zeit und auch die Zeit davor gehört habe, oder mit denen sie mir halfen, meine kindlichen Gedächtnislücken zu füllen.

Heute ist es ein seltsames Gefühl zu wissen, dass man dort war, wo Geschichte gemacht wurde. Man merkt es kaum, wenn es geschieht. Es schleicht sich im Nachhinein langsam ins Bewusstsein. Plötzlich überfällt es einen: „Mann! Da warst Du dabei?!"

Schon mehrere Jahre vor dem Fall der Mauer, 1982, zog ich aus studienmäßigen Gründen nach Norwegen und ließ mich später dort nieder. Die Idee zu diesem Buch kam dann auch von einem Norweger, einem Verwandten meiner norwegischen Lebenspartnerin. „Wir sehen die Zeit nach dem Krieg, dem Ende der Okkupation durch Deutschland, aus einer vollkommen anderen Perspektive", sagte er. „Es wäre toll, wenn Du das mal aus deiner Sicht und der Sicht deiner Eltern schreiben könntest. Ich glaube, dafür wäre hier großes Interesse."

Anfangs wollte ich mich dann auch an eine norwegische Leserschaft wenden. Aber bald merkte ich, dass ja auch unter jüngeren Leuten in Deutschland kaum jemand viel über diese Zeit weiß. Die Eltern haben es verdrängt, wollten nicht darüber reden, wurden nicht gefragt, oder wurden selbst zu spät geboren und haben nur noch Bruchstücke davon mitbekommen. Es gibt auch jede Menge Klischees darüber. Viele wollen ja gar nicht mehr wissen. Auch ich habe erst in älteren Jahren angefangen, mich eingehender damit zu befassen und habe dann versucht, Ordnung in alle die alten Geschichten zu bringen, die ich erlebt oder gehört habe.

Wie oben schon erwähnt, so ist dieses Buch sehr persönlich geschrieben. Ich bin kein Historiker. Geschichtliche Fakten, die wichtig sind, um den Zusammenhang zu verstehen, sind dennoch fortlaufend eingefügt.

Obwohl man sich im Leben natürlich auf die Gegenwart und die Zukunft konzentrieren muss, hilft die Vergangenheit oft, Zusammenhänge zu sehen und Fehler zu vermeiden, die früher schon gemacht wurden. Ich hoffe, dass meine Erinnerungen und Gedanken wenigstens dem einen oder anderen helfen, ein paar Puzzleteile an die richtigen Stellen zu setzen.

Tromsø, Oktober 2022

Meine Großeltern väterlicherseits (Oma und Opa) und ich, ca. 1960

Meine Eltern Hannelore und Horst, 1978

Meine Großeltern mütterlicherseits (Omi und Opi), ca. 1960

Meine Großtante Lotte, ca. 1965

Meine Großtante Käthe und meine Mutter, 1934

Mein Vater Horst, 1954

Meine Mutter Hannelore, ca. 1953

Meine Urgroßmutter Elise

Mein Urgroßvater Carl

Mein Großvater (Opi) in jungen Jahren

Mein Großvater (Opi) im Alter

1. Kapitel

WOHER WIR KAMEN

Eine kurze Familiengeschichte

Es war Anfang August 2021. Über anderthalb Jahre war es her, dass ich meine Eltern zum letzten Mal in Berlin besucht hatte. Die Corona-Pandemie hatte das meiste an Auslandsreisen seit März des Vorjahres zum Erliegen gebracht. Nun war es gerade wieder möglich. Sowohl sie als auch ich waren geimpft und die Einreise-Quarantäne für Geimpfte zurück nach Norwegen war seit Anfang Juli aufgehoben. Daheim in Norwegen lief das Leben schon wieder ziemlich normal, jedenfalls für diejenigen, die nicht wegen des Lock-down ihre Arbeit oder ihre Einnahmen verloren hatten. In Berlin musste man in öffentlichen Verkehrsmitteln und in Geschäften noch Masken tragen. Aber das war ein geringer Preis dafür, dass man endlich wieder recht problemlos reisen konnte.

Meine Eltern waren um die neunzig Jahre alt. Alles war glücklicherweise mehr oder weniger beim Alten. Ich hatte ihnen schon während unserer wöchentlichen Videotelefonate von meinem Buchprojekt erzählt und sie darauf vorbereitet, dass ich sie interviewen würde. Zwar hatte ich im Laufe meines Lebens schon öfter Anekdoten aus ihrer Kindheit und Jugend, den Kriegs- und Nachkriegsjahren, und auch aus meiner Kleinkinderzeit gehört. Ich kannte die Geschichten in groben Zügen. Aber mir fehlte der Zusammenhang, die Reihenfolge der Geschehnisse und natürlich jede Menge Einzelheiten. Wenn man Dinge zu Papier bringen will, die man nur bruchstückweise gehört und von denen man inzwischen die Hälfte vergessen hat, dann ist das ohne Hilfe ein ziemlich aussichtsloses Unternehmen.

Ich brauchte gar kein richtiges Interview anzufangen. Schon am ersten Tag nach dem Frühstück lief das Gespräch in die richtige Richtung, so dass ich mir nur mein Notizheft holte und stichpunktartig notierte. Es wurde eine Fülle von Aufzeichnungen, die ich in den darauffolgenden Tagen dann gleich auf meinem Laptop ins Reine schrieb, während ich bei Unklarheiten noch gleich nachfragen konnte.

Auch Fotoalben gingen wir durch. Mein Vater hatte mir früher schon ab und zu ein paar alte Fotos gescannt und per E-Mail zugeschickt, aber ich fand noch weitere von Interesse und fotografierte sie gleich ab.

Dann erwähnte meine Mutter, dass sie auch Aufzeichnungen von ihrem Vater hatte. Dabei ging es sowohl um die Ahnen seinerseits und vonseiten meiner Großmutter als auch um seine Kriegerlebnisse, die Zeit seiner Kriegsgefangenschaft in Russland und die Jahre danach. Dass diese Dinge existierten, hatte ich früher schon einmal gehört, aber es war mir entfallen. Damals war mein Interesse zwar schon vorhanden gewesen, aber da hatte ich ja noch kein Buchprojekt darüber geplant.

Es ist immer etwas umständlich, von Großeltern väterlicherseits und mütterlicherseits zu schreiben. Deshalb will ich sie hier so nennen, wie ich sie als Kind unterschied. Die Eltern meines Vaters waren Opa (1891-1962) und Oma (1887-1973), die meiner Mutter waren Opi (1904-1991) und Omi (1907-1965).

Opis Aufzeichnungen waren über zwanzig handgeschriebene Seiten lang, zuzüglich Ahnentabellen. Ich ging sie während meines Aufenthalts in Berlin durch. Opis Handschrift war glücklicherweise nicht allzu schwer zu entziffern. Ich hatte ja in meiner späteren Jugend auch Briefe mit ihm gewechselt und sie immer lesen können. Nur bei Eigennamen und unbekannten Ortsnamen hatte ich Schwierigkeiten und musste manchmal meine Mutter zu Rate ziehen. Einige Namen verblieben leider unlesbar. Ich fotografierte die Seiten ab und schrieb dann den gesamten Text auf meinem Laptop ins Reine.

*

Opi einerseits und mein schon im Krieg gefallener Onkel Kurt, der ältere Bruder meines Vaters, andererseits, hatten Ahnenverzeichnisse zusammengestellt. Damals im „Dritten Reich" musste man solche Übersichten anfertigen, um nachzuweisen, dass man arischer Abstammung war. Bei jüdischen Ahnen drohte die „Umsiedlung" in ein Konzentrationslager. So rassistisch und verbrecherisch die Absichten auch waren, so interessant war es für mich zu sehen, woher meine Vorfahren eigentlich kamen. Früher zogen die meisten nicht so viel in der Gegend herum und über Staatsgrenzen hinweg wie heutzutage. Fast alle Ortsnamen, die ich fand, lagen in einem Umkreis von 150 Kilometern um Berlin.

Obwohl alle meine Großeltern zu meiner Zeit in Berlin wohnten, war nur Opi in der Stadt geboren. Seine Vorfahren kamen aus Potsdam und kleineren Ortschaften in Brandenburg, also der weiteren Umgebung Berlins. Sein Urgroßvater war allerdings in Zakrzewo geboren, etwa 270 Kilometer nordöstlich von Berlin, das Anfang des 19. Jahrhunderts zu Westpreußen gehörte. Dort gab es damals eine gemischte deutsch-polnische Bevölkerung. Mehrere Generationen der Familie waren Landwirte gewesen. Erst Opis Vater machte eine Ausnahme und wurde Kaufmann. Opi bewegte sich dann weiter in der gleichen Richtung und ließ sich zum Bankkaufmann, Revisor und Buchhalter ausbilden.

Omi und alle ihre Vorfahren bis zurück ins 18. Jahrhundert kamen aus Soldin, das heute Myślibórz heißt und in Polen liegt, gute hundert Kilometer nordöstlich von Berlin. Damals gehörte der Ort zur preußischen Provinz Brandenburg, die sich bis 1945 über die Oder hinaus nach Osten erstreckte. Ihre Familie bestand traditionsgemäß aus Tuchmachern und Händlern, aber auch ein Zimmermeister war darunter. Auch ihr Vater, der 1868 geboren wurde, fiel wieder aus dem Rahmen und machte eine Ausbildung als Kupferschmied. Jedoch brannte er als Neunzehnjähriger durch und fuhr dann siebzehn Jahre lang zur See, wo er eine erstaunliche Karriere in der Handelsmarine machte. Er war unter anderem während des Boxeraufstands im Jahr 1900 in China, von wo er eine Buddha-Figur mitbrachte, die noch in unserem Besitz ist. Er erkrankte an Malaria und schied deswegen 1904 aus dem Dienst aus. Nach seiner Heirat wurde er Bausekretär am Alten Museum in Berlin.

*

Die Familie meines Vaters kam aus dem westlichen Teil von Hinterpommern, das heute ebenfalls polnisch ist, aber bis zum Zweiten Weltkrieg deutsch war. Opa war in Zarnikow (heute Czarnkowo) aufgewachsen, das östlich von Stargard liegt. Oma kam aus Hohenkrug-Buchholz (heute Zdunowo), einem Doppeldorf direkt östlich von Stettin (Szczecin). Alle diese Orte liegen nur 130 bis 150 Kilometer nordöstlich von Berlin. Von dieser Seite der Familie habe ich nicht so viel über die Tätigkeiten in vergangene Zeiten in Erfahrung bringen können, außer dass zwei der Onkels meines Vaters Bäcker waren. Auch Opa wurde Bäcker und führte dann später, nach dem Umzug nach Berlin, einen Lebensmittelladen in Berlin-Niederschönhausen.

Als ich meiner norwegischen Lebensgefährtin eine Landkarte zeigte, auf der ich alle Herkunftsorte meiner Vorfahren markiert hatte, fragte sie erstaunt: „Waren das alles Polen?"

Nein, meine Ahnen waren alle Deutsche. Aber Kriege führen oft Umsiedlungen von Bevölkerungen und die Verschiebung von Staatsgrenzen mit sich. In allen Gebieten östlich der Oder wird heute fast ausschließlich polnisch gesprochen, nachdem sie nach dem Zweiten Weltkrieg an Polen angegliedert wurden und die deutsche Bevölkerung von dort vertrieben wurde.

Pommern an sich ist ja ein Name, der von einer slawischen Sprache stammt – *po morzu* bedeutet zum Beispiel auch auf Polnisch *am Meer*. Im Mittelalter wurden hier die lokalen, andere slawische Sprachen sprechenden Stämme germanischen und polnischen Einflüssen ausgesetzt, bis die Gegend unter die Herrschaft des Heiligen Römischen Reichs Deutscher Nation gelangte. Im 12. und 13. Jahrhundert fand eine massive deutsche Einwanderung statt. Im Dreißigjährigen Krieg (1618-1648) und einigen darauffolgenden Kriegen verlor das Land einen großen Teil seiner Bevölkerung durch Kriegshandlungen, Seuchen und Hungersnöte. Es wurde dann hinterher zwischen Schweden und Brandenburg, später Schweden und Preußen, aufgeteilt. Ab 1815 geriet es vollkommen in preußischen Besitz und wurde damit von 1871 bis 1945 Teil des vereinten Deutschen Reichs. Gegen Ende des Zweiten Weltkriegs besetzte die sowjetische Rote Armee sowohl Pommern als auch die anderen östlichen Gebiete des Deutschen Reichs.

*

Soldin, von wo die Familie von Omi kam, hatte vor dem Krieg gute 6000 Einwohner. Am 31. Januar 1945 wurde der Ort kampflos von der Roten Armee eingenommen. Gerüchte über Übergriffe auf die

Zivilbevölkerung waren ihr vorausgeeilt und hatten viele Deutsche westwärts in die deutschen Kerngebiete flüchten lassen. Ein paar Tage später versuchte ein sowjetischer Soldat eine einheimische Frau zu vergewaltigen, wobei er von ihrem Mann erschossen wurde. Daraufhin trieben die sowjetischen Soldaten am 3. Februar 160 Zivilisten aus der Stadt zusammen, meist Jugendliche und ältere Männer, die nicht zur Wehrmacht eingezogen waren, und ermordeten einige Tage später 120 von ihnen in einem nahegelegenen Steinbruch. Man entdeckte das Massengrab erst 1995 und es wurde eine Gedenkstätte errichtet. Wie so oft in Kriegen wurden auch hier die Greueltaten von sadistischen Sonderkommandos wie der SS und die Kampfhandlungen der deutschen Wehrmacht während des Krieges an unschuldigen Zivilisten gerächt.

Ob es zu jener Zeit in Soldin noch Verwandte meiner Mutter gab, die dann später vertrieben wurden, ist uns nicht bekannt. Omis Eltern waren schon lange zuvor nach Berlin und später dann als Rentner nach Neuruppin umgezogen, das etwa 60 km nordwestlich von Berlin in Brandenburg liegt.

Im Sommer 1945 stellte die Sowjetunion alle Gebiete östlich der Oder unter polnische Verwaltung. Damit begannen Unterdrückung, Vertreibung und Flucht der deutschen Bevölkerung vonseiten der Polen, soweit sie nicht bereits vor der sich nähernden Roten Armee geflohen war. Die dorthin umgesiedelten Polen kamen zumeist selbst aus Gebieten weiter im Osten, wo sie von den Russen vertrieben wurden, die die dortigen Gebiete für die Sowjetunion beanspruchten. Polen war ein Land, das während des Krieges sowohl unter Hitler-Deutschland als auch unter Stalins Sowjetunion zu leiden hatte. Nach den grausamen Kriegsjahren waren sie weder gut auf Russen noch auf Deutsche zu sprechen.

*

Mein Vater hatte seine Großeltern kaum gekannt. Beide Großmütter verstarben schon vor seiner Geburt, und die Großväter als er vier-fünf Jahre alt war. Seine Eltern hatten fünf bzw. sechs Geschwister, mit deren Nachkommen wir aber zu meiner Zeit sehr wenig Kontakt hatten.

Mein Vater besuchte vor und während des Krieges mehrmals einen Bruder von Oma, Onkel Wilhelm, in Hohenkrug. Dieser Onkel Wilhelm und ein weiterer Onkel flohen 1945, als die Kriegsfront sich näherte, mit ihren Familien gen Westen, wo sie sich in Apenburg im nördlichen Sachsen-Anhalt, auf dem Gebiet der späteren DDR, ansiedelten. Zu Zeiten der DDR hatte mein Vater kaum Kontakt zu ihnen. Nach dem Fall der Mauer war Onkel Wilhelm bereits verstorben. Es fand eine vorübergehende Kontaktaufnahme mit seinen zwei Kindern statt, die sich aber nicht weiter entwickelte.

Auch bei der Familie von Opas Schwester Ida war mein Vater als Kind zu Besuch. Sie wohnten in einem Dorf am Madüsee (heute Miedwiecko) in Hinterpommern, unweit von Stargard. Auch sie flüchteten vor dem Einmarsch der Roten Armee 1945 und ließen sich in Barmstedt bei Hamburg nieder. Später gab es nur sehr sporadischen Kontakt, obwohl sie in West-Deutschland lebten.

Ich kann mich nur an eine der Tanten meines Vaters, Tante Pauline, erinnern, die in West-Berlin wohnte und die ich ab und zu als kleiner Junge besuchte. Sie hat keine Nachkommen, die noch am Leben sind. Sehr entfernte Erinnerungen habe ich auch an eine der Cousinen meines Vaters, die zu meiner Zeit in Flensburg wohnte und die ich dort einmal besuchte. Außerdem ist da noch Onkel Armin, ein Großneffe auf der mütterlichen Seite meines Vaters, den ich einmal während meiner Kindheit traf. Er beeindruckte mich, weil er Pilot bei der Lufthansa war und eine Boeing 747 flog.

*

Die Teilung Berlins und Deutschlands nach dem Krieg hatte viele menschliche Kontakte, die nicht im Voraus schon sehr eng waren, zum Scheitern gebracht. Anfänglich große Familien wurden oft in einzelne Kernfamilien aufgeteilt, die wenige oder gar keine Beziehungen mehr zueinander hegten. Es lag nicht an der Mauer allein. Familien, besonders die aus den ehemals deutschen Ostgebieten, waren in alle Winde zerstreut. Damals war Reisen wesentlich umständlicher als heute. Telefon bekamen viele erst in den sechziger Jahren und Ferngespräche waren teuer. Die einzige Alternative war Briefwechsel.

Mütterlicherseits war meine Familie von Anfang an wesentlich kleiner als die vonseiten meines Vaters. Omis Eltern wohnten zu Kriegszeiten schon in Neuruppin in Brandenburg, wo sich auch meine Mutter als Kind während der späteren Kriegsjahre aufhielt. Hier waren die Bindungen ziemlich eng. Nach dem Tod meines Urgroßvaters wohnte meine Urgroßmutter viele Jahre lang und auch noch mein erstes Lebensjahr hindurch zusammen mit uns in der Wohnung meiner Großeltern in Berlin-Niederschönhausen, bevor sie 1957 starb.

Opis Vater starb schon kurz nach der Geburt meiner Mutter, während seine Mutter bis 1958 lebte. Hier waren die Beziehungen, obwohl vorhanden, weniger eng, vielleicht wegen der fehlenden Chemie zwischen Omi und ihrer Schwiegermutter. Ich kann mich heute natürlich an keine meiner Urgroßmütter mehr erinnern.

Opi hatte keine Geschwister, während Omi eine von drei Schwestern war. Die älteste, Tante Käthe, war immer etwas kränklich und starb auch schon kurz vor Kriegsende an Tuberkulose. Die zweite, Tante Lotte (eigentlich Charlotte), wohnte zu meiner Zeit in West-Berlin und wurde eine Art Ersatz-Großmutter für mich, nachdem Omi leider auch schon früh starb (1965). Da war ich neun Jahre alt. Tante Lotte, die ich Tanti nannte, hatte nie eine eigne Familie. Mein jüngerer Bruder und ich waren für sie vielleicht ebenso viel Ersatz für Enkelkinder wie umgekehrt. Tante Lotte lebte noch bis ganz kurz vor dem Fall der Mauer, bis zum Herbst 1989.

Opi heirate bald nach Omis Tod erneut eine ebenfalls sehr liebe Frau, Margrete, die ich Tante Grete nannte, und die aus erster Ehe einen erwachsenen Sohn mit Familie in Ost-Berlin hatte. Mit letzteren hatten wir wegen der Mauer aber auch nur sporadisch Kontakt, der eigenartigerweise nach dem Fall der Mauer, wo er problemlos geworden wäre, einschlief. Opi starb ein gutes Jahr nach der Wiedervereinigung Deutschlands im Dezember 1991 und Tante Grete im Oktober 1996, knappe fünf Jahre nach Opi, als letzte aus der Reihe meiner Großeltern, dreißig Jahre nachdem Opi sie geheiratet hatte.

*

Selbst habe ich einen acht Jahre jüngeren Bruder, Wolfgang, der 1964 zur Welt kam. Da der einzige Bruder meines Vaters schon als 23-jähriger im Krieg umkam und meine Mutter keine Geschwister hatte, war also meine Familie – in dem Maße, wie sie während meiner Kindheit und Jugend kontinuierlich zugegen war – ausgesprochen klein. Sie bestand bei uns in West-Berlin nur aus meinen Eltern und mir, Tante

Lotte und ab 1964 meinem Bruder, während alle meine Großeltern in Ost-Berlin lebten. Mein Bruder sagt immer, dass wir ein Familientreffen locker in einem Kleinbus feiern könnten.

Für mich, der sich kaum an die Zeit vor der Mauer erinnerte, lebten die beiden Teile der Familie in zwei parallelen Welten, deren kompliziertes Verhältnis zueinander wir in erster Linie in den Medien verfolgten. Uns offenbarte es sich jedes Mal bei Grenzüberschreitungen und dadurch, dass gegenseitige Besuche, die eigentlich zum normalen Leben gehören sollten, immer etwas Besonderes, Außergewöhnliches waren, das eine gewisse Überwindung erforderte.

Opa (Mitte) beim Skat-Spielen und dem allabendlichen Warten auf den Bombenalarm, ca. 1944

Opa in seinem Lebensmittelladen in der Eichenstraße, 50er Jahre

Oma in der Küche in der Eichenstraße, 50er Jahre

Die Friedenskirche in Berlin-Niederschönhausen

2. Kapitel

KINDER IM KRIEG

Kriegszeit

Mein Vater Horst war zehn Jahre alt, als der Zweite Weltkrieg mit dem deutschen Überfall auf Polen begann. Meine Mutter Hannelore war sechs Jahre alt. Bei Kriegsende waren sie sechzehn und knappe zwölf. Sie waren Kinder. Dinge geschahen um sie herum, auf die sie keinen Einfluss hatten, ja, über die sie kaum eine Meinung haben konnten.

Mein Vater war natürlich während der ersten Schuljahre der Nazi-Propaganda ausgesetzt. Aber er wurde von Hause aus nicht darin unterstützt und machte sie sich nicht zu Eigen. Er lief als Kind sicherlich mit dem Strom und tat, was man von ihm erwartete – bis er 1939, als Zehnjähriger, ins Deutsche Jungvolk kam, jene Organisation, die die Jungen auf die Hitlerjugend vorbereiten sollte, in der sie dann mit 14 Jahren anfingen. Aber so weit kam mein Vater nie.

Bereits ganz am Anfang erlitt er auf einer Übernachtungsfahrt einen Unfall. Ein anderer Junge, der mit einem Luftgewehr herumhantierte, löste versehentlich einen Schuss aus, der meinen Vater ins Auge traf. So etwas geschieht, wenn man Zehnjährige mit scharfen Waffen spielen lässt. Es war kurz vor Kriegsbeginn und die Waffeneuphorie in den Nazi-Organisationen war sicherlich größer geworden als die Vorsicht. Von diesem Moment an hatte er, wie er selbst sagte, „die Schnauze voll von dem ganzen Haufen". Er lebte sein Leben lang mit nur einem sehenden Auge, aber man sah es ihm nicht an. Es wäre möglich gewesen, das Auge durch eine Operation zu retten, falls dem gesunden Auge etwas zugestoßen wäre.

Was seine fehlende Begeisterung für die Nazi-Ideologie noch verstärkte, war, dass sein neun Jahre älterer Bruder Kurt sein Fähnleinführer war und ihn besonders in die Mangel nahm, wahrscheinlich um nicht den Verdacht aufkommen zu lassen, dass er seinen Bruder bevorzugt behandeln würde.

Kurt hingegen war der Nazi-Propaganda erlegen und vertrat deren Ziele. Er wollte in den Krieg ziehen und hatte Angst, dass Deutschland siegen würde, bevor er dazu beitragen konnte. Er wurde 1941 eingezogen, bekam eine Grundausbildung in Jüterbog südlich von Berlin und wurde danach an die Front geschickt. Die Familie hörte wohl zunächst ab und zu von ihm, bis die Nachrichten fortblieben. Er war bei der Schlacht um Stalingrad dabei. Ein Kamerad sagte später, er hätte gesehen, wie Kurt in den Bauch geschossen wurde. Das muss im Winter 1942-43 gewesen sein. Das ist das Einzige, was wir von seinem Ende wissen. Somit lernte ich meinen einzigen Onkel nie kennen.

Opa wurde nicht eingezogen. Er führte einen Lebensmittelladen und wurde deswegen als unabkömmlich eingestuft. Ob vielleicht noch andere Gründe dabei eine Rolle spielten, wissen wir nicht. Über alles, was nicht zum Sieg Deutschlands führte, redete man damals besser nicht.

Viel lieber als an das Deutsche Jungvolk erinnert sich mein Vater an seine Aufenthalte in Pommern bei seinen Verwandten. Dort war er mehrfach kurz vor Beginn und während des Krieges in den Sommerferien zu Besuch. Onkel Wilhelm war Bäcker und betrieb in Hohenkrug eine Bäckerei und auch eine Landwirtschaft. Hohenkrug bildete zusammen mit Buchholz den Doppelort Hohenkrug-Buchholz. In Buchholz betrieb ein weiterer Bruder seiner Mutter, Onkel Otto, ebenfalls eine Bäckerei. Unweit lebte auch seine Tante Ida mit ihrer Familie in einem winzigen Dorf mit Namen Bienenfurt am Madüsee. Dort lief die Eisenbahnlinie von Stettin nach Stargard entlang und gab es einen Bahnübergang, an dem Tante Idas Mann die Schranke bediente. Mein Vater bekam manchmal den ehrenvollen Auftrag, die Schranken, die mit der Hand gekurbelt wurden, zu senken und wieder zu heben. Das erfüllte ihn mit Stolz.

Durch Beziehungen von Verwandten bekam mein Vater 1943 ein Mikroskop geschenkt, das sein ganzer Stolz war und das wir immer noch bei uns haben. Er sah sich Pflanzengewebe mit ihren Zellen, was darin an Einzellern und anderem Gekräuch lebte und alles Mögliche andere an. Das erweckte schnell sein Interesse an Natur, das er sein Leben lang bewahrte, auch wenn seine berufliche Laufbahn sich später in eine andere Richtung entwickeln sollte.

*

Meine Mutter kann sich wenig an die Zeit vor dem Krieg erinnern, außer daran, dass sie zwei liebe Eltern hatte – auch wenn ihr Vater sich vielleicht, wie er später selbst einsah, etwas zu wenig Zeit für sie nahm. Das war aber in jener Zeit nicht unüblich. Die Kindeserziehung war hauptsächlich Aufgabe der Mutter, die ja meist zuhause war.

Eine weitere Erinnerung aus der Zeit vor dem Krieg ist das Pilzesammeln mit ihrer Mutter, Tante Lotte und Tante Käthe in Geldenhall bei Neuruppin, wo sie bei den Großeltern zu Besuch waren. Ein Regencape wurde auf dem Waldboden ausgebreitet. Alle kamen mit gepflückten Pilzen und legten sie auf den Mantel, wo Tante Käthe, die wegen ihrer Krankheit nicht gut zu Fuß war, saß und sie gleich putzte. So wurden die Pilze fertig geputzt zum Zubereiten nach Hause gebracht, von meiner Urgroßmutter mit Butter gebraten und mit Petersilie darauf serviert. Man brauchte damals offizielle Sammelscheine zum Sammeln von Brennholz, Beeren und Pilzen.

Nach den Sommerferien 1943 wurde Omi zur Waffenproduktion eingezogen und die kleine Hannelore wurde als Zehnjährige im Zuge der Kinderlandverschickung (KLV) zu ihren Großeltern nach Neuruppin verschickt. Die Kinderlandverschickung war vor dem Krieg zu Erholungszwecken gedacht, aber wurde während des Krieges dazu benutzt, Kinder und teilweise ihre Mütter aus von Bombenangriffen bedrohten deutschen Städten zu evakuieren und längerfristig in weniger gefährdeten ländlichen Gebieten unterzubringen. Tante Käthe gab ihr ihr Bett und schlief selbst auf der Couch im Wohnzimmer, bis sie im Februar 1945 an Kehlkopftuberkulose starb.

Opi wurde 1940 zur Wehrmacht eingezogen und schrieb während der Kriegszeit Briefe an seine Familie. Er beklagte sich später einmal, dass meine Mutter so wenig antwortete und lieber ihren Großvater antworten ließ. Der Grund dafür, dass sie keine Lust hatte, war, dass ihr hinterher alle Rechtschreibefehler vorgehalten wurden. Opi hingegen tat es leid, dass er durch den Krieg so wenig Gelegenheit hatte, an der Erziehung seiner Tochter teilzunehmen, so dass er wenigstens über das Briefeschreiben dazu beitragen wollte. Aber er konnte sich nicht in die Zehnjährige hineinversetzten, die er ja lange kaum gesehen hatte. Einmal rächte sich meine Mutter mit einem Wort, dass Opi immer falsch schrieb, und wartete auf seine Verbesserung, um dann darauf bestehen zu können, dass sie doch recht hatte.

Einige Male kam Opi auf Heimaturlaub und besuchte seine Tochter in Neuruppin. Da beide gern Kuchen aßen, lud er sie einmal in ein Restaurant zum Kuchenessen ein, was man damals nur zu besonderen Anlässen tat. Aber die kleine Hannelore meinte danach, dass ihre Großmutter viel besseren Kuchen backte. Da musste er lachen.

*

Opi, mein Großvater Erich, war im Krieg bei der Wehrmacht. Er war kein Nationalsozialist. Er wurde eingezogen. Bei der Wehrmacht wurde einem das Nachdenken über das Wozu und Warum schnellstens aberzogen. Soldaten sollen Befehle ausführen, ihrem Staat gegenüber loyal sein und nicht denken. So ist es heute und so war es damals. Er sprach mit mir später in den siebziger Jahren einmal darüber, als ich ihn in Ost-Berlin besuchte. Natürlich kamen Zweifel auf, aber man verdrängte sie. Man befolgte einfach, was befohlen wurde, wenn man nicht in unabsehbare Schwierigkeiten geraten wollte. Man wählte zu glauben, was einem eingetrichtert wurde, nämlich dass der Krieg unvermeidlich war. Man wusste ja auch gar nicht, was alles hinter den Kulissen geschah. Die Anzeichen waren sicher da, aber man war nicht zum politisch-analytischen Denken erzogen worden. Man zog mit den anderen mit.

Opis Vater Gustav war auch im Krieg gewesen – im Ersten Weltkrieg. Er war 1916 bei der Schlacht an der Somme und 1917 bei Stellungskämpfen in der Champagne in Nord-Frankreich dabei. Bei den Kämpfen wurde er in einem Schützengraben verschüttet, aber in letzter Minute gerettet. Er kam mit einem schweren Nervenschock in verschiedene Kriegslazarette und Nervenheilstätten, wo er 1918 schließlich als „arbeitsverwendungsfähig" entlassen wurde. Aber der Schock saß tief. Viel später noch versuchte er einmal, aus dem Fenster zu springen. Er bekam später eine andere Krankheit, an der er 1935, nur 56 Jahre alt, starb.

Opi hatte Glück in dem großen Unglück, das der Zweite Weltkrieg darstellte. Nach seiner Einberufung zum Wehrdienst 1940, knapp 34 Jahre alt, bekam er eine zweijährige Militärausbildung und wurde dann 1942 als Unteroffizier ostwärts versetzt. Während des Transports mit der Eisenbahn beobachteten er und seine Kameraden aus der Ferne die ersten Bombenabwürfe über Berlin, wie er später schrieb, mit „gemischten Gefühlen". Sie wurden dann über Riga (Lettland) an die Front am Wolchow-Fluss (südöstlich von Leningrad) geschickt. Dort lagen sie in meterhohen Unterständen hinter Tannenpalisaden in einem Talkessel und hörten die Kugeln übers Tal pfeifen. Es fand keine Schlacht statt, aber russische Scharfschützen erschossen mehrere deutsche Wachposten. Die Vorgänger ihrer Heeresabteilung waren dort umzingelt worden und in Gefangenschaft geraten. Opi überlebte die zwei Monate in den Stellungen körperlich unversehrt.

Ärztliche Hilfe war dort offenbar fern. Er erzählte mir einmal von einem Kameraden, der sich ein Haar aus der Nase rupfte. Die Stelle entzündete sich derartig, dass er daran starb.

Danach wurde Opi für einige Zeit hinter die Front zu einer Ortskommandantur versetzt, wo die Situation ruhiger war. Dort waren jedoch russische „Hilfswillige" beschäftigt, denen sie nicht trauen konnten. Die Belegschaft entrann knapp einem Anschlag durch vergiftetes Essen, der jedoch rechtzeitig verraten wurde.

Später, während der Rückendeckung eines litauischen Regiments, entronnen sie knapp einem Panzerangriff auf ihr Quartier. Sie sahen das Gebäude und einen davor geparkten Lastwagen in Flammen aufgehen. Der Rückzug nach Deutschland war bereits versperrt und sie retteten sich nach Lettland. Unterwegs entging Opi nur knapp dem Versuch einer Gruppe SS-Leute, ihn mit vorgehaltener Waffe für ein Sonderkommando zu kidnappen, das den russischen Vormarsch aufhalten sollte. Dann kam seine Abteilung nach Libau (heute Liepāja, Lettland), wo er bis Kriegsende an der Ortskommandantur tätig war. Er freundete sich dort mit einem kleinen Hund an, eine treue Seele, wie er später schrieb, der ihn ständig begleitete und vor Überfällen beschützte.

Nach der Kapitulation Deutschlands am 8. Mai 1945 geriet er dann kampflos in russische Kriegsgefangenschaft.

*

Im Januar 1945 wurden die Nazis zunehmend desperat. Verfügbare Soldaten waren knapp geworden. Am 25. September 1944 rief Hitler durch einen Führererlass den „Deutschen Volkssturm" ins Leben, der alle waffenfähigen Männer von 16 bis 60 Jahren umfasste. Es war

Hitlers letztes Aufgebot. Praktisch nicht ausgebildete Leute wurden mit übriggebliebenen veralteten Waffen und oft vollkommen unzulänglicher Munition ausgestattet, so dass sie zu reinem Kanonenfutter wurden.

Mein Vater war während der letzten Kriegsmonate im Zuge der Kinderlandverschickung mit einer Schulklasse in Schwedt an der Oder. Im Januar 1945 kamen SS-Leute, um die Jungen zu holen und für die Verteidigung gegen den Vormarsch der Roten Armee vorzubereiten. Alle mussten sich auf einem Schlosshof versammeln. Mein Vater, knapp sechzehn Jahre alt, und ein Freund konnten sich unbemerkt absetzen. Die beiden hatten früher im Spiel eine Geheimsprache erlernt, die sie jetzt benutzten, um ihr Vorhaben in Gegenwart der Gruppenaufsicht ungehört abzusprechen. Es handelte sich dabei um eine Abwandlung der sogenannten "Räubersprache". Ich selbst habe diese Sprache später auch erlernt und im Verlauf meinem kleinen Bruder beigebracht. Mit etwas Übung wäre eine Unterhaltung wohl auch heute noch möglich.

Mein Vater und sein Freund versteckten sich dann bei einem ihrer Lehrer, der zufälligerweise in einem Haus wohnte, dessen Haustür zum Schlosshof hin lag. Jener Lehrer war nach Aussage meines Vaters in der Nazi-Partei (NSDAP), aber seine Loyalität gegenüber seinen Schülern musste doch größer gewesen sein, zumal jetzt, wo sich ein Ende des Krieges abzuzeichnen schien.

Glücklicherweise waren noch keine Namen notiert worden und die beiden wurden nicht vermisst. Die anderen Jungen wurden mitgenommen. Ihr Schicksal ist unbekannt. Aus der Ferne hörte man schon das Kanonendonnern von der weichenden Front her. Mein Vater und sein Freund nahmen am nächsten Tag einen Zug nach Berlin. Er war voll von Leuten, die vor den Angriffen flüchteten. Viele standen außen am Zug auf den Trittbrettern.

Sie kamen in ein Berlin, dass nun Tag und Nacht dem Bombenregen der Alliierten ausgesetzt war. Tagsüber durch die Amerikaner, nachts durch die Briten – manchmal sogar zweimal in der Nacht. „Weihnachtsbäume", abgeworfene Bündel von Leuchtkugeln, markierten die Abwurfgebiete, bevor die Bomben fielen.

Die Familie meines Vaters und die Nachbarn hatten einen Splittergraben im Garten gegraben und ihn mit Holz und der ausgehobenen

Erde abgedeckt. Dort hielten sie sich bei Bombenalarm auf. Aber dieser Graben ging beim Einschlag einer kleinen Bombe in unmittelbarer Nähe kaputt. Seitdem benutzten sie den Keller eines nahegelegenen Kuhstalls als Zufluchtsraum.

Niederschönhausen lag abseits der Innenstadt von Berlin, wo nicht so viel zerstört wurde. Nur gelegentlich verirrte sich eine Bombe hierher. In der Eichenstraße, wo sie lebten, wurden während der ganzen Zeit vielleicht zwei Häuser ausgebombt. Aber in der Innenstadt war es ganz anders. Am 20. Februar zählte mein Vater bei einem Angriff 900 Flugzeuge, die sich von beiden Seiten Berlin näherten, kehrt machten und dann ihre Bomben über der Innenstadt abwarfen.

Mein Vater war schon immer an elektronischen Dingen interessiert. Er hatte ein kleines Detektorradio gebaut, mit dem sie im Keller Radio hören konnten. Am 24. April 1945 hörten sie, dass „der Führer im Kampf an vorderster Front gefallen" sei. Dass Hitler und die gesamte Führungsspitze der Nazi-Regierung Selbstmord begangen hatten, erfuhr man ja erst viel, viel später. Selbst zu meiner Schulzeit wurde noch gesagt, dass Hitlers Verbleib unbekannt war.

Die Berliner hofften die ganze Zeit lang, dass die Amerikaner Berlin einnehmen würden. Den Russen eilten schlimme Gerüchte darüber voraus, wie sie die Zivilbevölkerung der besetzten Gebiete behandelten. Man wusste nicht, dass es einen heimlichen Deal zwischen den alliierten Mächten gab, wie sie Deutschland unter sich aufteilen wollten.

Gegen Ende April 1945 marschierte die Rote Armee in Berlin ein. Trotz der Angst vor den Russen und den Gerüchten, lief das meiste glimpflich ab für die Leute in der Eichenstraße – mit einer Ausnahme. Als die Russen den Keller durchsuchten, wo sich mein Vater mit seiner Familie und einigen Nachbarn versteckt hielt, nahmen sie ein junges Mädchen mit, das dann später weinend zurückkam.

Einige Tage nach Einmarsch der Russen hörten sie wieder Schüsse. Eine Abteilung der Wehrmacht kam aus ihrem Versteck und wollte sich, wie man später hörte, zur „Armee Wenck" durchschlagen. Das war eine noch unbesiegte Armee, die Berlin retten sollte, aber nur der immer krankhafter werdenden Fantasie Hitlers entsprungen war. Die Abteilung wurde schnell von den Russen aufgebracht.

Die Russen kamen auch in die Wohnung in der Eichenstraße. Dort fanden sie eine schöne, illustrierte Bibel im Bücherregal. Einer der Russen nahm sie in die Hand und schlug sie auf. „Hier gut", sagte er anerkennend und sie gingen wieder. Auch unter den Russen der Roten Armee gab es also Menschen, denen weder der Stalinismus noch der Krieg ihre Grundwerte genommen hatten.

*

Omi war in Berlin zur Waffenproduktion in Berlin einberufen worden. Meine Mutter wohnte seit Herbst 1943 bei ihren Großeltern mütterlicherseits zusammen mit Tante Käthe in Neuruppin.

Ihr Großvater Carl war aus Gesundheitsgründen wegen Malaria schon 1904, dem Geburtsjahr seiner ersten Tochter Käthe, aus der Marine ausgeschieden und verlebte den Ersten Weltkrieg im Zivildienst. Allerdings wurde er bei der Novemberrevolution nach Kriegsende in Berlin Ende 1918, auf dem Weg zu seiner Arbeit am „Alten Museum", am Senefelderplatz durch einen Granatsplitter schwer in der Bauchgegend verwundet. Mit den Folgen dieser Verwundung hatte er sein Leben lang zu kämpfen, da der Splitter nicht herausoperiert werden konnte.

Wie Tante Lotte meinem Bruder später einmal erzählte, empfahl man ihm im Hospital, nach dem verletzungsbedingten Blutverlust "... nicht Wein zu trinken, sondern Wein zu saufen", wenn er welchen auftreiben konnte. Seine Familie brachte ihm daraufhin bei Krankenbesuchen so oft wie möglich Rotwein mit.

Bei Ausbruch des Zweiten Weltkriegs war er bereits über siebzig Jahre alt und schon lange auf Rente.

In Neuruppin war es die längste Zeit ziemlich ruhig gewesen. Man spürte aber die Knappheit der Lebensmittel und anderer Güter. Von den Kriegsereignissen erfuhr man meist nur durch Zeitungen und Radio, wenn auch von Nazi-Propaganda gefärbt. Gegen Kriegsende gingen dann alle in ihren Kleidern schlafen – zum einen wegen der befürchteten Bombenangriffe. Aber es fielen nur wenige Bomben und die meist um den Flughafen herum. Ein einziges Haus in der Nähe ihrer Wohnung wurde beschädigt. Zum anderen wegen des bevorstehenden Einmarschs der Russen, vor denen alle Angst hatten – man hörte viel von Misshandlungen der Zivilbevölkerung und Vergewaltigungen. Die Nazi-Propaganda benutzte das auch ausgiebig, um die

Bevölkerung von der kampflosen Übergabe abzuhalten.

Daher flüchteten viele Menschen aus ihren Dörfern und von ihren Höfen, als die Rote Armee sich näherte. Auch durch Neuruppin kam eine Flüchtlingskolonne. Meine Mutter erinnert sich:

„Dieser Treck zog so langsam und hoffnungslos an uns vorbei. Es waren zum Teil Leiterwagen mit einem müden Pferdchen davor, manchmal zogen auch die Menschen selbst den Wagen. Manchmal war es ein kleiner Handwagen mit dem Nötigsten beladen und ein kleines Kind darauf oder ein alter kranker Mensch – alles so trostlos! Sie standen ja alle vor dem Nichts und hatten nur ihr Leben gerettet. Es ist beinahe 80 Jahre her, aber ich habe diese Eindrücke nie vergessen, obwohl ich erst elf Jahre alt war.“

Als die Russen kamen, durchsuchten sie alle Häuser nach Flüchtigen von der Wehrmacht und nach Waffen. Ein russischer Soldat kam auch nach Hause zu meiner Mutter und ihren Großeltern. Die Großeltern standen in der Schiebetür zwischen dem Wohnzimmer und dem Zimmer der zuvor verstorbenen Tante Käthe, wo die knapp Zwölfjährige auf dem Bett lag, und hatten gewaltige Angst. Meine Mutter wusste natürlich nichts von den Übergriffen, die passierten. Sie hatte nur Angst um ihre neue Armbanduhr, die auf dem Stuhl neben ihrem Bett lag, den sie als Nachttisch benutzte. Aber der Russe war freundlich. Er setzte sich auf den Stuhl, ohne die Uhr zu beachten und versuchte, ein paar beschwichtigende Worte mit dem kleinen Mädchen zu reden. Dann ging er. Die Uhr war unversehrt.

Aber etwas später dann mussten alle Bewohner das Haus verlassen, weil es die Russen für sich beanspruchten. Auch eine junge Kriegswitwe mit kleinen Zwillingen in der Etage über ihnen musste ausziehen, was meiner Mutter sehr leid tat. Sie hatte oft die beiden Kleinen betreut.

Nach Kriegsende im Mai fielen keine Bomben mehr. Aber der gesamte öffentliche Transport war zum Erliegen gekommen. Omi und Tante Lotte kamen die siebzig Kilometer aus Berlin zu Fuß, um die kleine Hannelore abzuholen. Omi hatte große Blasen an den Füßen. Der Zwölfjährigen tat das so leid, dass sie ihr ihre letzten Socken gab, die noch heil waren. Für den Rückweg fanden sie glücklicherweise eine Mitfahrgelegenheit mit einem Lastwagen bis Oranienburg. Dort sahen sie einige Tote auf der Straße liegen. Von dort aus mussten sie die letzten 25 Kilometer wieder zu Fuß gehen.

Die deutschen Kommunisten, die später in die Wohnung meiner Mutter und ihrer Eltern in der Rolandstraße in Berlin-Niederschönhausen kamen, führten sich schlimmer auf als die russischen Militärs – jedenfalls was meine Familie anbelangt. Sie nahmen alles, was an Luxus erinnern konnte, mit sich. Opi, der noch nicht nach Hause gekommen war, hatte als ehemaliger Bankbeamter mehrere Anzüge im Schrank zu hängen. Alle wurden von den Handlangern der neuen Machthaber gestohlen.

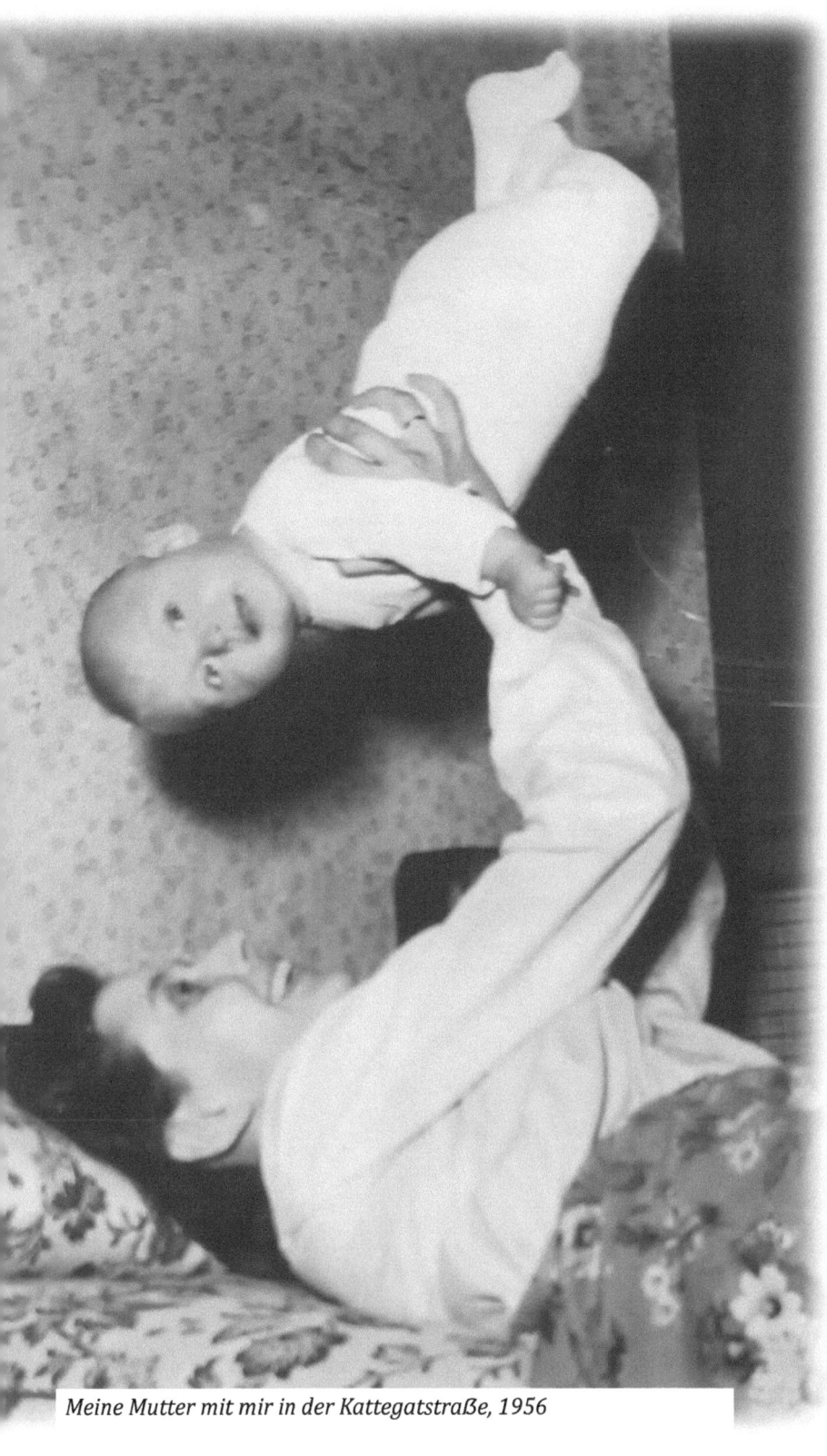

Meine Mutter mit mir in der Kattegatstraße, 1956

Mein Vater und ich, unser erstes Auto, ca. 1957

3. Kapitel

PHÖNIX AUS DER ASCHE

Nachkriegszeit und Wiederaufbau

Meine späteren Eltern und Großeltern lebten glücklicherweise bei Kriegsende in mehr oder weniger intakten Wohnungen. Berlin-Niederschönhausen lag weit genug von der Innenstadt entfernt und die Zerstörungen der letzten Kriegswochen und –monate hielten sich in Grenzen. Trotzdem war die gesamte Infrastruktur zum Erliegen gekommen. Es gab kaum Kohle zum Heizen, kaum Nahrungsmittel, kaum jemand hatte eine reguläre Arbeit mit geregeltem Einkommen. Zwei Drittel der noch anwesenden Bevölkerung Berlins waren Frauen, der Rest vorwiegend Kinder und Alte. Menschen gingen durch die Straße, um Essbares zu ergattern, Brennbares zu finden, Trümmer wegzuräumen. Die freiwilligen „Trümmerfrauen" der deutschen Städte wurden zu einem bekannten Symbol jener Zeit, obwohl auch Kriegsgefangene und ehemalige Nazis von den Besatzungsmächten zum Aufräumen zwangsverpflichtet wurden. In Windeseile kam ein Tauschhandel in Gang, aus dem sich ebenso schnell ein Schwarzmarkt entwickelte. Bürgerinitiativen bildeten sich und sorgten dafür, dass aufgeräumt, provisorischer Wohnraum für Obdachlose geschaffen, lebenswichtige Funktionen wiederhergestellt wurden, und so weiter.

Im Siegesrausch der Roten Armee während der ersten Tage nach ihrem Einmarsch wurden viele Berlinerinnen von sowjetischen Soldaten belästigt und vergewaltigt. Auch Plünderungen kamen vor. Aber es kam relativ schnell wieder Ordnung auf. Die neue Verwaltung unter der energischen Leitung des sowjetischen Stadtkommandanten Generaloberst Bersarin sorgte dafür, dass sich wieder eine Art von normalem Leben entwickeln konnte. Strom-, Wasser- und Gasversorgung, Kanalisation und öffentlicher Verkehr waren Prioritäten. Andererseits wurden die Belegschaften noch existierender Industriebetriebe dazu verpflichtet, jegliche Maschinerie für den Abtransport in die Sowjetunion zu zerlegen.

Bereits in den letzten zwei Kriegswochen hatten Teile der Bevölkerung Lebensmittelläden geplündert. Das wurde von den Behörden geduldet, um nicht alles in die Hände der Besatzungsmacht fallen zu lassen. In den ersten Wochen nach Ende der Kriegshandlungen verteilte die Rote Armee Lebensmittel aus eigenen Beständen an die Bevölkerung. Lebensmittelkarten mit strengen Rationen wurden schnell verteilt, waren aber nur aufs reine Überleben ausgerichtet. Die Lebensmittelversorgung aus Landwirtschaftsgebieten der Umgebung kam sehr langsam in Gang, da überall Lebensmittelknappheit herrschte und die Landwirte sich gegen Pflichtabgaben an die Stadt wehrten. Ab Oktober wurden die Berliner dazu angehalten, auf allen nicht bebauten Flächen der Stadt landwirtschaftliche Produkte anzubauen. Aber auch das hatte nur sehr bedingt Erfolg. Die Versorgungslage verblieb prekär. Man sah sich gezwungen, die Grundernährung der Bevölkerung durch zusätzliche Importe aus Armeebeständen zu sichern. Lebensmittelrationierung war vorerst gekommen, um auf Jahre hinaus zu bleiben.

Die Aufteilung Deutschlands zwischen den Siegermächten in vier Verwaltungszonen und auch die Berlins in vier Sektoren war bereits im Februar 1945 auf einer Konferenz in Jalta beschlossen worden. Obwohl Berlin innerhalb der sowjetischen Besatzungszone lag, sollten die vier alliierten Mächte also je ein Stück davon bekommen. Bereits acht Wochen nach der Kapitulation zogen die Verbände der amerikanischen, britischen und eine Vorhut der französischen Besatzungstruppen in die westlichen Stadtteile ein. Berlin wurde trotzdem vorerst von einer gemeinsamen alliierten Kommandantur verwaltet.

Im Sommer 1945 bekräftigten sie gemeinsam auf einer weiteren Konferenz in Potsdam, dass das übergeordnete Ziel der gemeinsamen Besatzung sei, zu verhindern, dass von deutschem Boden jemals wieder Krieg ausgehen konnte. Die vier Hauptpunkte der Agenda waren Demokratisierung, Denazifizierung, Demilitarisierung und Dekartellisierung – leider ohne einen gemeinsamen Plan für die Durchführung.

*

Mein Vater erzählte, dass sich nach Kriegsende alle wie in einem leeren Raum schwebend fühlten. Es war jedoch erstaunlich, wie schnell es eigentlich ging, bis die wichtigsten Bereiche des Lebens wieder einigermaßen funktionierten. Der Wille zum Wiederaufbau war überall vorhanden und jeder packte mit an. Die russische Militärverwaltung war gut organisiert und machte hervorragende Arbeit. Ganz anders wurde es jedoch, als dann später die deutschen kommunistischen Politfunktionäre übernahmen.

Nach einem heißen, trockenen Sommer 1946, in dem die Ernteerträge bescheiden waren, kam ein extrem kalter Winter – der kälteste des Jahrhunderts – der als Hungerwinter 1946-47 oder „weißer Tod" bekannt wurde. In Deutschland war ein Fünftel des Wohnraums zerstört. Nahrung und Kohle waren äußerst knapp, besonders in den Großstädten. Die Kälteperioden waren grimmiger und hielten länger an als gewöhnlich. Die Menschen waren zumeist damit beschäftigt, das aller nötigste herbei zu schaffen.

Mein Vater erinnerte sich, dass die Kinder auf der Straße den Pferdefuhrwerken, die die wenig verfügbare Heizkohle lieferten, hinterherliefen und heruntergefallene Kohlestücke aufsammelten. Manchmal wurde von einem besonders Mutigen beim „Herunterfallen" auch etwas nachgeholfen.

In der Wohnung meiner Mutter in Niederschönhausen fehlten seit Kriegsende die meisten Fensterscheiben. Zum Glück gab es vor dem Schlafzimmer einen kleinen Sommergarten, dessen Tür zum Zimmer hin heil war, aber nur einfaches Glas hatte. Trotzdem gefror des nachts der Atem auf der Bettdecke.

Kälte und Hunger und dadurch hervorgerufene Krankheiten forderten in jenem Winter in Deutschland noch einmal einige hunderttausend Todesopfer. Am schlimmsten traf der Winter dennoch die Sowjetunion, wo zusätzlich zu den 27 Millionen Kriegsopfern nun schätzungsweise weitere zwei Millionen Menschen erfroren oder verhungerten.

*

Mein Vater trat nicht der neuen kommunistischen Freien Deutschen Jugend bei. Von Anfang an hatte er das Gefühl, dass diese sich von der Hitlerjugend nur im politischen Vorzeichen unterschied. Die Lust auf solche Organisationen hatte er bereits seit seiner Schussverletzung beim Deutschen Jungvolk, die ihm ein Augenlicht kostete, verloren.

Ab August 1945, als sowieso das neue Schuljahr begonnen hätte, waren auch die Schulen wieder tätig. Er machte sein Abitur terminge-recht 1947 mit 18 Jahren. Ursprünglich hatte er vor, danach Biologie oder später Chemie zu studieren. Aber es gab nur wenige Studien-plätze und alle waren für Kriegsheimkehrer reserviert. Aus den Stu-dienplänen wurde nichts.

Eine seiner Leidenschaften wurde das Orgel spielen. Seine Organis-ten-Karriere begann bereits 1946, als er noch zur Oberschule ging. Sein Vater war Kirchenältester der evangelischen Gemeinde an der Friedenskirche in Niederschönhausen, die am Friedensplatz (heu-te Ossietzkyplatz) lag. Die dortige Orgel hatte während des Krieges Schäden erlitten und sollte repariert werden. Mein Vater assistierte dem angeheuerten Orgelbauer und bekam dabei Interesse am Instru-ment. Der Musiklehrer an seiner Schule war auch Organist, wenn auch an einer katholischen Kirche, und mein Vater nahm bei ihm Or-gelunterricht. Alle solche Dinge liefen zu jenen Zeiten unentgeltlich ab und wurden sicherlich auf andere Weise kompensiert. Geld hatte ohnehin kaum Wert. Die weitgehend geldfreie Gesellschaft schaffte ihre eigenen Regeln.

Nach der Schule, 1947, begann mein Vater als Anlernling bei Blau-punkt, einer Firma, die Radiogeräte herstellte. Dort wurde tagsüber gearbeitet und abends anderthalb oder zwei Stunden lang Theorie gelehrt. Was dann noch fehlte, lernte er aus eigenem Antrieb aus Büchern. Diese Lehre war nach einem Jahr, im Sommer 1948, abge-schlossen.

Als die Orgel in der Friedenskirche fertig restauriert war, fehlte dort noch ein Organist. Mein Vater war mit dem Unterricht so weit gekommen, dass er als ehrenamtliche Vertretung beschäftigt wurde. Auch das war weitgehend unentgeltlich, aber er erhielt einmal hun-dert Reichsmark vom Gemeindekirchenrat als Dank. Das Orgelspie-len machte ihm Freude und er setzte es bis zu seiner Abreise aus Ber-lin (Sept. 1948) fort.

*

Inzwischen hatte sich die politische Lage zwischen der sowjetischen und den westlichen Besatzungsmächten zugespitzt. Das Einvernehmen aller hielt im Prinzip nur so lange, bis das eigentliche Ziel, Hitler-Deutschland zu besiegen, erreicht war. Danach wurden die Differenzen immer größer. Die sowjetische Besatzungsmacht auf der einen und die westlichen Alliierten auf der anderen Seite waren bestrebt, in den von ihnen verwalteten Gebieten ihre eigenen Gesellschaftsordnungen und Wirtschaftssysteme einzuführen, die sich schlecht miteinander vertrugen.

Schon auf der Potsdamer Konferenz im Sommer 1945 begannen sich die Seiten zu positionieren. Während die westlichen Alliierten aber noch mit eigenen Problemen zu kämpfen hatten – besonders die USA mit dem sich fortsetzenden Krieg gegen Japan – war die Sowjetunion unter Stalin darauf bedacht, ihren Einfluss in Ost-Europa weitestmöglich zu sichern. Stalin setzte durch, dass die Westsektoren nicht aus dem Berliner Umland, also der sowjetischen Besatzungszone (SBZ), mit Nahrung und Gütern versorgt werden durften. Die gesamte Versorgung West-Berlins musste aus West-Deutschland über das Territorium der sowjetischen Zone transportiert werden.

In der SBZ und in Ost-Berlin wurden die seit vor dem Krieg bestehende kommunistische Partei (KPD) und die sozialdemokratische Partei (SPD) unter Zwang zur Sozialistischen Einheitspartei Deutschlands (SED) zusammengeschlossen. Das Argument war, dass die Uneinigkeit der Parteien auf der linken Seite der Grund dafür gewesen war, dass die Nationalsozialisten 1933 die Wahl gewonnen hatten. Die neuentstandene SED wurde von den immer schon recht frei sprechenden Berlinern „Russenpartei" getauft. Trotz energischer sowjetischer Propaganda bekam sie bei den ersten Wahlen zum Stadtparlament im Oktober 1946 keine 20 Prozent der Stimmen, während die in den Westsektoren fortbestehende SPD fast 49 Prozent erhielt. Der Propagandakrieg zwischen den östlichen und westlichen Führungen eskalierte. Auch deutsche Medien, denen Kritik an den Besatzungsmächten ursprünglich verboten war, bezogen nach und nach Stellung auf der einen oder anderen Seite.

Ab 1. Januar 1947 schlossen sich die britische und amerikanische Besatzungszone sowie der britische und amerikanische Sektor Berlins zur sogenannten Bizone zusammen. Der französische Sektor folgte im Juni 1948, womit eine Trizone entstand. Die Bipolarisierung und damit letztendlich die Teilung Deutschlands zwang sich praktisch auf. Am 20. Juni 1948 führten die westlichen Alliierten eine Währungsreform durch und führten die Deutsche Mark (D-Mark) ein. Die Behörden der SBZ fürchteten mit Recht, dass die im Westen nun ungültig gewordene Reichsmark in Strömen in die Ostgebiete fließen und dort eine verheerende Inflation hervorrufen würde. Sie führten deshalb Hals über Kopf eine eigene neue Währung gleichen Namens ein, deren Kurs zur D-Mark als 1:1 festgelegt wurde. Trotz eingeführter scharfer Grenzkontrollen flossen doch noch innerhalb weniger Tage Millionen von Reichsmark in die SBZ. Die Forderung der Ostseite, die Gültigkeit der ostdeutschen Währung auf West-Berlin auszudehnen, wurde von den Westmächten rigoros abgelehnt.

Es war klar, dass ein offenes Nebeneinanderleben der beiden Systeme das wirtschaftliche Ende der SBZ bedeutet hätte. Die westliche Wirtschaft war bedeutend stärker als die während des Krieges stark reduzierte Wirtschaft der Sowjetunion. Sowjetische Unterstützung der SBZ hätte nie gegenüber der westlichen Unterstützung der Trizone standhalten können. Am 24. Juni unterbrach daher die SBZ die Stromversorgung nach West-Berlin, machte die Grenzen zu allen Westgebieten dicht und blockierte den Zugang nach West-Berlin und die Durchfahrt durch die Ostgebiete vollständig. West-Berlin war somit von jeglicher Versorgung abgeschnitten.

Ohne energische Schritte wäre West-Berlin ausgehungert worden und hätte sich letztendlich der SBZ angliedern müssen. Trotz Bedenken der westlichen Regierungen organisierte die amerikanische Militärleitung unter Gouverneur Lucius D. Clay die Versorgung der 2,2 Millionen West-Berliner zuzüglich der über 20 000 in West-Berlin stationierten alliierten Soldaten durch die Luft. Einen neuen Luftkrieg wollte und konnte die Sowjetunion nicht riskieren. Damit kam die sogenannte Berliner Luftbrücke ins Leben, die knappe elf Monate lang Nahrungsmittel, Kohlen und wichtige Güter zu den West-Berliner Flughäfen Tempelhof und Gatow brachte. Sogar ein Kraftwerk wurde in Einzelteilen eingeflogen. Tagsüber landeten die Flugzeuge monatelang im drei-Minutentakt. Viele Piloten warfen vor der Landung an kleinen Fallschirmen Süßigkeiten, die von der amerikanischen Zivilbevölkerung gespendet wurden, für die wartenden Kinder ab. Daher nannten die Berliner diese Art von Flugzeugen, die nun eine ganz andere Last abwarfen, liebevoll auch „Rosinenbomber".

Während der Zeit der Berliner Blockade wurde der West-Berliner Flughafen Tegel mit der damals längsten Start- und Landebahn Europas (2428 m) in einer Bauzeit von nur 90 Tagen buchstäblich aus dem Boden gestampft, zwar noch nicht in der zuletzt bekannten Form, aber vollkommen funktionstüchtig. (NB: Beim späteren Flughafen Berlin Brandenburg, eröffnet 2021, betrug allein die Verspätung der Eröffnung 9 Jahre).

Am 9. September 1948 hielt Ernst Reuter, der damalige Oberbürgermeister West-Berlins, vor dem Berliner Reichstag seine Rede mit den berühmten Worten: *„Ihr Völker der Welt, ... schaut auf diese Stadt und erkennt, dass ihr diese Stadt und dieses Volk nicht preisgeben dürft und nicht preisgeben könnt! Es gibt nur eine Möglichkeit für uns alle: gemeinsam so lange zusammenzustehen, bis dieser Kampf gewonnen, bis dieser Kampf endlich durch den Sieg über die Feinde, durch den Sieg über die Macht der Finsternis besiegelt ist."*

Am 12. Mai 1949 gab die sowjetische Seite auf, als klar wurde, dass sie auf diese Weise den Westen nicht in die Knie zwingen konnte. Die Zufahrtswege wurden wieder freigegeben. Um die 213 000 Flüge hatten stattgefunden. Etwa 70 Piloten waren dabei ums Leben gekommen. Die Berliner bezeichneten nun die westlichen Alliierten nicht mehr als Besatzungsmächte, sondern als Schutzmächte. Besonders die Amerikaner, nur wenige Jahre zuvor der Feind, waren zu Helden geworden.

Trotz des Abkommens der vier Siegermächte war eine gemeinsame Verwaltung Deutschlands nun vollkommen unmöglich. Am 23. Mai 1949 riefen die drei westlichen Alliierten die „Bundesrepublik Deutschland" (BRD) auf freiheitlich-demokratischer Grundlage aus. Am 7. Oktober folgte die sowjetische Seite nach und proklamierte die „Deutsche Demokratische Republik" (DDR) unter gesetzlich festgelegter Führung der Sozialistischen Deutschen Einheitspartei (SED).

Während die Bundesrepublik West-Berlin als eines ihrer Bundesländer ansah, wurde diese Interpretation nie von der DDR geteilt. In allem, was die DDR die kommenden Jahrzehnte hindurch unternahm, sah sie West-Berlin als eine eigenständige politische Einheit an, für die besondere Regelungen galten. Andererseits hielten aber auch die

Westmächte am Viermächtestatus für Berlin fest, da sonst die Grundlage für die Gegenwart ihrer Truppen fortgefallen wäre. Die gesamte Situation war äußerst kompliziert und erforderte ein hohes Maß an politischem Fingerspitzengefühl.

*

Mein Vater, damals noch wohnhaft in Berlin-Niederschönhausen, also im Ostteil der Stadt, arbeitete bei Blaupunkt im westlichen Teil Berlins. Am 24. Juni 1948 begann die Blockade und die Berliner Luftbrücke wurde ins Leben gerufen. Er bekam ab September 1948 bei der gleichen Firma in Darmstadt (südlich von Frankfurt) eine Stelle angeboten, wo die Radiofertigung neu aufgebaut wurde. Er konnte mit einem der Flugzeuge der Luftbrücke, die oft leer aus West-Berlin zurückkehrten, nach Lübeck fliegen. Von dort aus reiste er weiter mit der Eisenbahn.

Er wurde Bandleiter am Fließband im elektronischen Bereich der Radioproduktion von Blaupunkt und wohnte in einem möblierten Zimmer. Als eins der wenigen Unternehmen wurde bei Blaupunkt von Anfang an nie am Sonnabend gearbeitet, eine soziale Einrichtung, die die meisten anderen deutschen Betriebe erst viel später übernehmen sollten.

Nach etwas über einem Jahr gab es Unstimmigkeiten mit dem Chef und er kündigte, aber bekam eine neue Arbeit im gleichen Ort beim American Forces Network (AFN), der Rundfunkanstalt der amerikanischen Streitkräfte, als „Transmitter Engineer". Die Abteilung, in der er tätig war, wurde nach einem weiteren Jahr stillgelegt, aber er bekam einen entsprechenden Posten beim AFN im nur 40 Kilometer entfernt gelegenen Aschaffenburg. Er wohnte weiterhin in Darmstadt und pendelte im Zweitages-Rhythmus zwischen den beiden Orten. Während dieser Zeit bekam er eine Rippenfellentzündung, aber arbeitete trotzdem weiter, um die Stelle nicht zu verlieren. Die sozialen Verpflichtungen Arbeitnehmern gegenüber waren damals noch nicht sehr weit ausgebaut.

Reisen von West nach Ost und nach Berlin waren nicht so einfach, da man einen Interzonenpass brauchte und mit allen Grenzaufenthalten und Kontrollen einen ganzen Tag berechnen musste. Im Oktober 1950 ging mein Vater aber zurück nach Berlin, wo er durch Vermittlung seiner Eltern wieder eine Arbeitsstelle bei Blaupunkt bekam. Hier hatte er nach und nach verschiedene Stellungen bei der Verwaltung des Ersatzteillagers, im Prüffeld und später in der Entwicklung elektronischer Geräte.

*

Meine Mutter hatte bald nach Kriegsende ihren zwölften Geburtstag und setzte dann den Schulgang fort. Wie gesagt, war die Versorgungssituation in Berlin prekär. Und Wohnraum war natürlich in der zerbombten Stadt knapp. Tante Lotte gab ihre Wohung auf und zog zu Omi und meiner Mutter in die Wohnung in der Rolandstraße, um Ausgaben zu sparen. Sie bekam das Zimmer, das ursprünglich das Kinderzimmer war. Dort blieb sie bis 1949 wohnen.

Tante Lotte hatte seit lange vor dem Krieg Arbeit am Institut für Zuckerindustrie, wo sie viel mit Auslandskorrespondenz zu tun hatte. Diese Arbeit wurde die Haupteinnahmequelle des „Dreiweiberhaushalts" in der Rolandstraße, wie sie es nannten. Omi hatte einen Nebenverdienst mit Näharbeiten. Dabei sammelte sie Wollreste und strickte meiner Mutter daraus einen Pulli zum Geburtstag, aber es reichte leider nur für kurze Ärmel.

Sie hatten sehr wenig zu essen. Für alles gab es die ersten Jahre hindurch Rationskarten. Meine Mutter erhielt ¼ l Milch extra, weil sie ein Kind war. Omi schnitt die Brotration immer gleich nach Erhalt auf und teilte die Schnitten in gleiche Portionen für alle ein. Manchmal merkte meine Mutter, dass Omi von ihrer Ration etwas auf die ihrer Tochter legte.

Sie tauschten auch verschiedene Dinge ein. Eine bekannte Bäckersfrau hatte ein kleines Kind und gab ab und zu ein Brot im Tausch für alte Spielsachen. Ab und zu fuhren Omi oder Tante Lotte mit dem Zug – das heißt auf dem Trittbrett oder zwischen den Wagen stehend – aufs Land, um dort bei den Bauern Geschirr oder Ähnliches gegen Essbares einzutauschen. Opi erfuhr später nach seiner Rückkehr aus der Kriegsgefangenschaft nie, dass verschiedene Dinge auf diese Art verschwunden waren.

In einer Wohnung unten im gleichen Haus wohnte eine Frau Jahn, die sehr nett war und den Frauen half, wo sie konnte, solange Opi nicht zu Hause war. Sie kümmerte sich um den Garten im Hinterhof und zweigte dort heimlich Beeren und Früchte ab. Aus denen kochte sie Marmelade, von der sie ihnen oft etwas abgab.

In jener Zeit ging es den Menschen in Fleisch und Blut über, nichts Nahrhaftes verkommen zu lassen. Noch heute, über siebzig Jahre danach, geht es meinen Eltern so, dass sie absolut nichts fortwerfen, was noch verwertet werden kann, und die Kochlöffel ablutschen, bevor sie abgewaschen werden.

1948, nach dem Tode des Großvaters meiner Mutter in Neuruppin, wohnte ihre Großmutter Eliese zunächst in einem kleinen Zimmer in Neuruppin. Später, Anfang der fünfziger Jahre, nachdem auch Opi wieder nach Hause gekommen war, holten sie sie zu sich in die Rolandstraße.

Niemand wusste aber zunächst, was mit Opi geschehen war. Sie klammerten sich an die Hoffnung, dass er wie viele andere in Gefangenschaft war und irgendwann zurückkommen würde. Dann, ab 1947, hörten sie sporadisch von ihm. In unregelmäßigen, großen Abständen kamen Karten aus Russland, wo er die eine Seite eng beschrieben hatte und auf der anderen Seite Linien für die Antwort gezeichnet hatte. Nur die allerwichtigsten Informationen konnten ausgetauscht werden, aber alle wussten nun, dass alle am Leben waren! Einmal deutete Opi an, dass er vielleicht bald entlassen würde, aber niemand wusste, wann. Plötzlich, am 21. April 1950, stand er vor der Haustür in der Rolandstraße und sang mit seiner sehr gut ausgebildeten Bariton-Stimme sein Lied von einem Wandergesellen (Bettelstudent), an dem sie ihn sofort wiedererkannten.

*

Meine Mutter erzählte, dass Opi später des Öfteren davon sprach, dass er gut behandelt worden sei. Es ging ihm besser als vielen, die in Arbeitslager nach Sibirien versandt wurden. Manchmal tauschte er Zigarettenrationen gegen Zucker oder anderes nährstoffreiches ein, da er selbst nie rauchte. Er meinte, das hätte ihm unter Umständen das Leben gerettet.

Opi schrieb später selbst sehr kurz zusammengefasst über seine Zeit als Kriegsgefangener (die mit (...) bezeichneten Orte konnten wir in seiner Schrift nicht entziffern):

„Dort (in Libau) kam dann der 8. Mai 1945, die Kapitulation, der mich

dann für die nächsten 5 Jahre in Gefangenschaft führte. Stationen waren (...), Moskau (3 Lager), (...), Moskau. Ich habe gearbeitet als Bauhelfer, Pfarrer, Maler, Tiefbauarbeiter. Habe geholfen Wasserrohre in 4-5 Meter tiefe Gräben auszuheben und zu verlegen, in (...) und Umgebung, für das Erdgas in Moskaus Straßen Rohrleitungen zu verlegen, mitgeholfen Häuser zu errichten und war eingesetzt einen neuen Flugplatz bei Moskau zu bauen.

Ich konnte mich über schlechte Behandlung nicht beklagen. Habe mich sogar zwei Wochen im Lager in einer Urlauberstube erholen dürfen. In Moskau hatten wir Unterkunft in einer noch nicht fertig eingerichteten Schule für Lehrlinge mit Zentralheizung. Ich bin nach einer guten Behandlung einer linksseitigen Lungenentzündung im Lagerlazarett in ein richtiggehendes Krankenbett mit weißem Bettzeug zur Erholung auf eine entsprechende Station gekommen, auf der wir täglich ein Stück Butter und Weißbrot neben dem üblichen Essen erhielten.

Die erste Nachricht von meiner Familie bekam ich an einem Sonntag des Jahres 1947. Eine etwas zeitigere Rückkehr verzögerte sich teils durch einen erneuten Lazarettaufenthalt und später eine einsetzende Kälteperiode.

Am 21. April 1950 stand ich einigermaßen gesund nachts um ca. 23.30 Uhr vor der Haustür meiner Wohnung in Berlin-Niederschönhausen, Rolandstraße 105, mit kleinen Geschenken in meinem kleinen Holzkoffer."

*

Über die Probleme der durch den Krieg zerrissenen deutschen Familien sind ganze Bücher geschrieben worden. Die meisten jüngeren Männer, die von Anfang an zur Wehrmacht eingezogen wurden, waren weit fort, als das Leben in den letzten Kriegsjahren schwierig wurde, und hatten meist vollkommen andere Probleme.

Daheim herrschten Lebensmittel- und Güterknappheit, Tage und Nächte mit sich häufenden Bombenangriffen, teilweise Obdachlosigkeit, Fluchten mit oder ohne Hab und Gut vor den sich nähernden feindlichen Truppen – dann die Nachkriegszeit mit all den Entbehrungen und improvisierten Lösungen für das meiste im Leben. Viele der Männer waren noch lange in Gefangenschaft. Frauen, die diese Zeit mit ihren Kindern durchlebt hatten, waren nicht mehr diejenigen, die die nach und nach heimkehrenden Männer in Erinnerung hatten und nach denen sie sich sehnten. Die Frauen waren durch die Not mehr als selbstständig geworden und ließen sich nicht mehr viel sagen. Vielleicht hatten sie auch andere Männer gehabt, die in Notzeiten mit verschiedenen Dingen ausgeholfen hatten. Der heimkehrende Soldat war nicht mehr der Mann im Hause, der er vor dem Krieg war.

Auch die Männer hatten oft eine grundlegende Veränderung durchgemacht. Vielleicht waren sie zuversichtlich ausgezogen dem Vaterland zu dienen und kamen nach vielen Entbehrungen als Verlierer heim. Ihr Stolz war gebrochen. Vielleicht hatten sie körperliche Verletzungen erlitten. Vielleicht hatten sie während des Krieges Aufgaben gehabt, die sie lieber vergessen würden. Gut und Böse waren vertauscht. Hatten sie gewusst, was die eigentlichen Ziele der Nazi-Regierung Deutschlands waren? Wussten sie vom grausamen Umfang der Judenverfolgung, von den Konzentrationslagern, von den Massakern der SS an Zivilisten in Polen und Russland? Hatten sie es geahnt und vielleicht nicht wahrhaben wollen, für wen sie da kämpften? Hatten sie es vielleicht sogar gewusst und für richtig befunden? Waren sie dabei gewesen und hatten Dinge getan, die sie jetzt lieber verdrängten? Kriege waren bis dahin nichts Ungewöhnliches in Europa. Die meisten redeten sich wahrscheinlich ein, dass sie nur ihre Pflicht getan hatten und von all dem Schlimmen nichts gewusst hatten. Vielleicht stimmte es ja auch für viele, ja sogar die meisten von ihnen. In jedem Fall kamen sie heim in eine Welt, die vollkommen anders war als die, die sie verlassen hatten und in der es schwer fiel, sich zurechtzufinden.

Diese Frauen und diese Männer wurden nun unter den vollkommen neuen Voraussetzungen wiedervereint. Beide Eheleute hatten vielleicht Dinge getan und erlebt, über die sie nicht reden wollten. Sie wurden schweigsam und misstrauisch. Männer mochten sich im Krieg als Helden gefühlt haben und waren nun gedemütigt, fühlten sich überflüssig. Die Familie hatte die schlimmste Zeit ohne sie bewältigt und sie fühlten sich nun wie das fünfte Rad am Wagen. Sie wurden vielleicht nach und nach jähzornig oder sogar gewalttätig und viele Familien zerbrachen daran.

*

Im Falle der Familie meiner Mutter traf eine derartige Entwicklung glücklicherweise nicht ein. Opi bekam in Berlin mit seiner Ausbildung als Buchhalter sofort Arbeit, was sowohl dem Unterhalt der Familie als auch seiner Eingliederung in die ungewohnte Nachkriegsgesellschaft sehr von Nutzen war. Die ersten fünf Jahre lang arbeitete er als Bargeldprüfer beim Berliner Stadtkontor und wurde bald Gruppenleiter.

Aber er hatte zweifelsohne eine tiefgreifende persönliche Entwicklung durchgemacht. Äußerlich war er der gleiche, wenn auch natürlich einige Jahre älter geworden und vom Leben im Feld und dann im Arbeitslager geprägt. Aber innerlich erkannten meine Mutter, die nun knapp siebzehn war, und Omi ihn nicht wieder. Er entwickelte kaum Verständnis für die Jugendliche, deren Entwicklung er ja jahrelang nicht hatte mitverfolgen können. Er war weiterhin gutmütig und sorgte für seine Familie, aber irgendetwas hatte sein Inneres aufgewühlt. Irgendetwas war in den fünf Jahren russischer Kriegsgefangenschaft vorgefallen. Er hatte genug Zeit zum Grübeln gehabt. Meine Mutter deutete sogar einmal an, sie hätten das Gefühl gehabt, das er eine Gehirnwäsche bekommen hatte. Aber solche mentalen Veränderungen können sicherlich auch durch eine langwierige Bewältigung des Geschehenen und eine Art von erneutem Selbstfindungsprozess hervorgerufen werden.

Für ihn stand plötzlich die Gesellschaft im Mittelpunkt. Er war überzeugt von der kommunistischen Idee, dass diese die Welt auf bessere Bahnen bringen würde – dass das eigennützige Denken und Handeln im Kapitalismus (sprich der freien Marktwirtschaft) dieser positiven Entwicklung, dem Guten auf der Welt, aus dem Wunsch zur Selbstbereicherung entgegenarbeitete. Diese Gewissheit hatte er auch später noch, als ich mit ihm in meiner späteren Jugend über diese Dinge sprach.

Meiner Mutter zufolge war es dieser Umstand, der das Zusammenleben seit den fünfziger Jahren schwierig gestaltete. Er schnitt dieses Thema immer wieder an und erschien dadurch innerlich vollkommen verändert. Alle waren überzeugt, dass er es im Grunde gut meinte und wirklich daran glaubte, dass die kommunistischen Führer nur das Beste für die Menschheit wollten. Er merkte wohl, dass das bei Frau und Tochter nicht so auf Einverständnis stieß, was ihn enttäuschte und ihn immer wieder auf das Thema zurückkommen ließ. Dabei merkte er nicht, dass dieser Umstand ständig einen Schatten über die familiären Beziehungen warf und das harmonische Zusammenleben beeinträchtigte.

*

Meine Mutter hatte eine gute Jugendfreundin, Christa, deren Vater Pfarrer war und früh verstarb. Durch diese war sie in eine evangelische Jugendgruppe, die Junge Gemeinde an der Friedenskirche in Niederschönhausen, gekommen, wo sie sich sehr wohl fühlte und einen Freundeskreis hatte. Zu Weihnachten 1951 wollte diese Gruppe eine Aufführung machen, für die sie einen Organisten brauchten. Der eigentliche Organist der Gemeinde weigerte sich nämlich, in der Kirche mit anderen Instrumenten zusammen aufzutreten. Da meinte einer der Teilnehmer, er kenne jemanden, der Orgel spielen konnte. Das war dann mein Vater, der im Jahr zuvor wieder nach Berlin gekommen war. So lernten meine späteren Eltern sich kennen.

Meine Mutter ging noch bis ein Jahr vor dem Abitur zur Schule, bis zum Ende der elften Klasse, aber verlor dann die Lust und hörte auf. Nach dem Krieg waren alle guten Lehrer, die sie mochte, in den Westen gegangen, wo sie sich eine bessere Karriere erhofften. Die Schüler weinten manchmal, wenn sie hörten, dass wieder einer ihrer liebgewonnenen Lehrer die Schule verließ. Die Abwanderung von gutem Personal in die Bundesrepublik oder nach West-Berlin war groß. Sehr viele Menschen, die etwas konnten und im Westen Arbeit bekamen, gingen nach und nach dorthin. Die neuen Lehrer waren zum großen Teil Kriegsheimkehrer, die Arbeit suchten, aber nicht unbedingt Berufserfahrung, Ausbildung oder Motivation hatten. Außerdem missfiel meiner Mutter der obligatorische Russisch-Unterricht.

Sie bekam nach der Schule eine Arbeitsstelle in einem Labor für Baugrunduntersuchungen, wo sie einige Jahre lang, bis kurz vor meiner Geburt, arbeitete.

*

Ab Mai 1952 wurde die Grenze zwischen Berlin und dem Umland, Brandenburg, für West-Berliner schwer passierbar. Kontrollposten standen an allen Ausfahrtsstraßen um das gesamte Berliner Stadtgebiet. Bürger mit DDR-Pässen konnten jedoch passieren. Innerhalb Berlins konnte man sich frei bewegen. Dafür sorgte der Viermächtestatus der Stadt, der formell weiterhin von allen eingehalten wurde. Für die Westmächte war er die Voraussetzung dafür, dass sie weiterhin ihre Truppen in der Stadt stationiert haben konnten.

Alle Bewohner der DDR kamen daher über den Ostteil der Stadt ungehindert, wenn auch durch die ostdeutsche Volkspolizei kontrolliert, nach West-Berlin. Da sie automatisch in der BRD willkommen waren, gelangten sie auch von dort per Flug nach West-Deutschland. Sehr viele DDR-Bürger nutzten diese Möglichkeit und gingen in den Westen, besonders, wenn sie eine gute Ausbildung hatten und sich im Westen ein Auskommen versprachen.

Durch die amerikanische Wirtschaftshilfe, den Marshall-Plan, wuchs der Lebensstandard im Westen wesentlich schneller als im Osten. Reichhaltigere Warenauswahl, größeres Kulturangebot, schnellere Fertigstellung von Wohnraum und politische Freiheit lockten viele. Zudem wurden Steuervorteile für Investitionen in West-Berlin eingeführt. Dadurch sank die Arbeitslosigkeit von 25 % im Jahr 1952 in so schnellem Tempo, dass bis 1960 die Vollbeschäftigung erreicht wurde.

Die DDR lief Gefahr, von ressourcenreichen Einwohnern entvölkert zu werden. Für die DDR war es ein zusätzliches Handicap, dass sie die Verpflichtung hatte, im Zuge der Kriegserstattungen noch lange für die Sowjetunion produzieren zu müssen. Der Propagandakrieg, die Feindseligkeit der offiziellen Stellen und der vom Staat gelenkten Medien der DDR gegenüber dem Westen wurden von Jahr zu Jahr schlimmer. Die DDR-Behörden sahen sich gezwungen, das Wiederaufbautempo Ost-Berlins zu beschleunigen, um die Menschen am Auswandern zu hindern.

Im Juni 1953 eskalierte die Unzufriedenheit der Bevölkerung der DDR mit ihrem Staat. Es begann mit einem Arbeiterprotest an der Großbaustelle Stalinallee (heute Karl-Marx-Allee), wo in Rekordzeit Wohnhäuser im sowjetischen, kosteneffektiven Stil gebaut wurden – von den Berlinern, die immer sehr treffende und oft sarkastische Worte für alles fanden, „Stalinbarock" genannt. Die Arbeiter protestierten aus aktuellem Anlass gegen erhöhte Leistungsforderungen pro Schicht. Am 17. Juni marschierten die streikenden Arbeiter zum

Sitz der Regierung in der Leipziger Straße. Gleichzeitig gab es Aufstände in allen größeren Städten. Es ging nun nicht mehr allein um die Arbeitsbedingungen, sondern um eine allgemeine Unzufriedenheit mit dem sowjetisch unterstützten System und dessen Konsequenzen, was ja auch der Hauptgrund für die Auswanderungswellen war.

Der Aufstand in Berlin wurde mit sowjetischen Panzern niedergeschlagen. Die Sowjetunion zeigte ihr wahres Gesicht. Es ging gar nicht ums Volk, es ging um Macht und Vorherrschaft. Die genaue Zahl der Toten – der beim Volksaufstand getöteten und der im Nachhinein standrechtlich erschossenen – ist nie geklärt worden, aber lag wohl zwischen 55 und 75. Etwa anderthalb tausend Teilnehmer wurden verhaftet und verurteilt, von wenigen Todesstrafen über lange Zuchthausstrafen bis zu kürzeren Gefängnisstrafen.

Der 17. Juni 1953 war das erste gewaltsame Eingreifen sowjetischer Truppen bei Volkserhebungen gegen sowjetische Trabantenregime in Ost-Europa. Ungarn sollte 1956 folgen, die Tschechoslowakei 1968. Bezeichnenderweise lehnte die Führung der DDR jede Eigenverantwortung ab und machte bezahlte Provokateure aus dem Westen dafür verantwortlich. Es wurde zum symptomatischen Sprachgebrauch der kommunistischen Regime, anstelle der eigenen Missstände die gezielte Unterwanderung aus dem Westen für alles verantwortlich zu machen, das ihnen nicht in den Kram passte. So ist es ja auch heute noch mit totalitären Regimen. Man braucht ein Feindbild, um das Volk über die eigene Unzulänglichkeit oder über seine eigentlichen Absichten hinweg zu täuschen.

Der 17. Juni wurde in der Bundesrepublik zum „Tag der deutschen Einheit" und zum Nationalfeiertag bis hin zur Wiedervereinigung. Er ist weiterhin Gedenktag im vereinten Deutschland.

In der darauffolgenden Zeit stieg die Zahl derjenigen, die in den Westen auswanderten oder sich absetzten, weiter an. Neben der allgemeinen Unzufriedenheit kam nun die Angst vor Verhaftungen hinzu.

Der Begriff „DDR" war im Westen noch sehr lange nicht im umgangssprachlichen Gebrauch. Der ostdeutsche Staat wurde nicht für voll genommen und ja auch erst 1972 staatsrechtlich anerkannt. Aus „SBZ" (Sowjetische Besatzungszone) wurde ganz einfach „die Zone". Kein Mensch sagte „Wir fahren in die DDR." Entweder man fuhr in

„die Zone" oder man fuhr „rüber in den Osten" bzw. „nach drüben".
Auch die Ostdeutschen fuhren „in den Westen", sofern sie das später
überhaupt noch konnten oder durften. So war es die Alltagssprache
auch noch in meiner Kindheit und Jugend in den sechziger Jahren, ja,
im Grunde bis hin zur Wiedervereinigung.

*

Mein Vater arbeitete wieder bei Blaupunkt im Westteil der Stadt und
mietete dort ein möbliertes Zimmer, das er durch Vermittlung seiner
Tante Pauline bekommen hatte. Ab 1953 fand er dann eine Einzimmerwohnung in der Koloniestraße im Wedding, die die einzige im
Haus mit einer Innentoilette war.

Am 9. April 1955 heirateten meine Eltern in der Friedenskirche in
Niederschönhausen. Aber es gab so schnell noch keine Möglichkeit, in
eine gemeinsame Wohnung zu ziehen.

Obwohl mein Vater und Opi absolute politische Gegenpole waren
und es darüber auch Streitgespräche gab, akzeptierte Opi die Heirat
ohne Vorbehalte. Er überließ die Wahl des Ehemannes vollkommen
meiner Mutter. Erst viel, viel später erfuhren wir, dass er wegen dieser Heirat sogar seine städtische Arbeitsstelle verlor. Er bekam jedoch eine andere Arbeit bei einer Bank. Er redete nie darüber, dass
die Heirat seiner Tochter mit einem Westdeutschen der Anlass für
den Stellungwechsel war. Das zeigte, dass er trotz allem mit dem Herzen immer noch der liebe Vater war, als den meine Mutter ihn in ihrer
Kindheit gekannt hatte.

Während mein Vater in der Koloniestraße wohnte, wurde er einmal
bei der Polizei vorgeladen, weil seine Vermieterin wegen Kuppelei
angezeigt worden war. Jemand, der sie nicht leiden konnte, hatte sie
wohl angezeigt, nachdem meine Mutter dort einmal übernachtet hatte. Mein Vater konnte jedoch dokumentieren, dass sie beide verheiratet waren. Danach fiel ihm eine Frau im Haus auf, die ihn nie zuvor be-
achtet hatte, aber plötzlich unheimlich nett grüßte. Ein wenig später
zog er in die Kattegatstraße um, ganz in der Nähe der Sektorengrenze
nach Ost-Berlin.

Am 9. Januar 1956 kam ich zur Welt, genau neun Monate nach der
Hochzeit. Meine Mutter meinte jedoch später, dass das ein Zufall war
und ich eine Woche vor dem Termin kam.

Als meine Mutter mich erwartete, wohnte sie noch in der Roland-straße. Eines Tages war sie eigentlich mit Omi verabredet, um in einem Geschäft einen Stubenwagen für mich anzuschauen. Aber sie bekam unerwartete Wehen. Sie konnte von einer Nachbarwohnung aus, wo es ein Telefon gab, ein Taxi bestellen und allein zur Pankower Klinik fahren. Sie machte sich Sorgen, dass Omi nichts davon wusste und vergeblich wartete. Als Omi nach vergeblichem Warten nach Hause ging und erfuhr, was geschehen war, kam sie sofort und rechtzeitig vor meiner Geburt zur Klinik nach.

Auch ich verbrachte mein erstes Lebensjahr in der Wohnung in der Rolandstraße. Dort wohnte noch meine Urgroßmutter Eliese mit uns zusammen. Sie war glücklich darüber, dass es ihr vergönnt war, ihren Urenkel noch erleben und kennenlernen zu dürfen.

Natürlich war der Zustand, dass meine Eltern getrennt wohnten, auf Dauer nicht haltbar, zumal jetzt ein kleines Kind da war. Zudem hatte mein Vater Arbeit und Wohnung im Westen, während meine Mutter mit mir im Osten wohnte. Die Grenze war zwar noch passierbar, aber zumindest ein bürokratischer Unsicherheitsfaktor. Sie waren bestrebt, eine gemeinsame Wohnung zu finden – und das selbstverständlich im Westteil der Stadt, wo die Geldquelle der Familie lag und alles problemloser sein würde.

Obwohl der Krieg nun schon zwölf Jahre her war und vieles bezüglich der wirtschaftlichen Lage sich verbessert hatte, lief in Berlin – wie sicherlich auch anderswo – immer noch sehr viel über Beziehungen. Dem Pfarrer an der Friedenskirche, der meine Eltern getraut hatte, gehörte ein zweistöckiges Einfamilienhaus in Berlin-Tegel (West-Berlin), das er vermietete. Wohnungsmieten waren teuer im Vergleich zu den meisten Einkommen und das Haus war in zwei Wohneinheiten aufgeteilt. Das Erdgeschoss wurde dort frei und meine Eltern konnten mit mir 1957 in ihre erste gemeinsame Wohnung im Attendorner Weg 17 in Tegel einziehen.

Vor dem Umzug in den Westen waren jede Menge Dokumente auszufüllen und die DDR-Behörden versuchten meine Mutter zu bewegen, dass mein Vater lieber in den Osten kommen sollte. Dort gäbe es auch genügend Arbeit. Aber sie schaffte es mit guten Argumenten, die offizielle Erlaubnis zur Ausreise zu bekommen.

Die Wohnung im Attendorner Weg war kalt und hatte eine Ofenheizung. Ich kann mich daran erinnern, dass ich später im Winter die Eisblumen an den einfachen Fensterscheiben bewunderte. Meine Mutter war froh, als Schnee fiel, denn da konnten wir die Kohlen zum Heizen vom Geschäft her mit einem Schlitten ziehen.

Über uns wohnte ein anderes Ehepaar. Sie mussten über unseren Korridor gehen, um zur Treppe ins Obergeschoss zu gelangen. Der Mann arbeitete bei der S-Bahn, die mitsamt ihrem im Westen befindlichen Teil der DDR gehörte. Es war deutlich, dass er Kommunist war, denn er hörte unüberhörbar laut die Reden Walter Ulbrichts im Radio, die man in westlichen Sendern kaum übertrug. Ulbricht war damals noch offiziell Erster stellvertretender Vorsitzender des Ministerrats der DDR, später dann Vorsitzender des Staatsrats der DDR und somit Regierungsoberhaupt.

Da mein Vater als Radioingenieur gearbeitet hatte, fiel es ihm leicht, mit einfachen Bauteilen die Frequenz des Ost-Senders im Haus zu stören, um den Empfang der Reden zu unterbrechen, was ihm Spaß machte.

1957 wurde auch die Entwicklungsabteilung von Blaupunkt (später Bosch Elektronik) nach Berlin verlegt und mein Vater siedelte in die Entwicklungsabteilung für Schwerhörigengeräte über, wo er bis 1964 arbeitete.

Meine Mutter hätte versucht, wieder Arbeit zu bekommen, wenn sie für mich einen Kindergartenplatz gehabt hätte. Sie hätten das Geld gebrauchen können. Das Gehalt meines Vaters war nicht mehr als etwa 600 D-Mark im Monat; außerdem gab es 10 D-Mark Kindergeld für mich. Aber weit und breit gab es keinen Kindergarten.

Vor meiner Geburt hatte mein Vater drei Jahre lang ein Motorrad, eine DKW 125. Er kaufte es von seinen Ersparnissen, ohne dass Opa davon wusste, weil sich mein Vater im Klaren darüber war, dass das bei ihm auf Missbilligung stoßen würde. Als er vor vollendete Tatsachen gestellt wurde, sprach Opa eine Woche lang nicht mit seinem Sohn. Später dann fuhr er selbst auf dem Rücksitz mit. Der Grund für die anfängliche Missbilligung war wohl weniger die offensichtliche Respektlosigkeit, als vielmehr die Sorge um das Wohlergehen seines Sohnes. Mein Bruder Wolfgang hatte es daraufhin Anfang der achtziger Jahre leichter, als er sich sein erstes Motorrad kaufen wollte.

Nach meiner Geburt schaffte sich mein Vater sein erstes Auto an, einen gebrauchten, grauen DKW F89. Wir waren jetzt eine richtige, typische Kleinkinderfamilie jener Zeit, mit niedrigem, aber gesichertem Einkommen, einem gemeinsamen Dach über dem Kopf und einem kleinen Auto.

Im Sommer 1958 fuhren wir zum ersten Mal als Familie in den Urlaub, und zwar an den Ostseestrand bei Hohwacht, etwas östlich der Stadt Kiel. Ich kann mich an nichts davon erinnern, denn ich war ja nur zweieinhalb Jahre alt. Aber meine Eltern erzählen oft die Geschichte, wie mein Vater den einzigen Autoschlüssel im Wagen eingeschlossen hatte und guter Rat teuer war. Der Ausweg wurde dann ich. Der Kofferraum war nämlich relativ leicht zu öffnen. Ich sollte durch den Kofferraum und über die umgestoßene Rückenlehne des Rücksitzes klettern, um dann von innen den Sperrknopf der Seitentür hochzuziehen. Es erforderte angeblich eine enorme Überredungskunst, denn ich hatte wohl unheimliche Angst davor. Aber irgendwie klappte es zum Schluss und ich war zum ersten Mal in meinem Leben der Held des Tages.

*

Auch während der späten fünfziger Jahre entvölkerte sich die DDR weiterhin mit durchschnittlich etwa 200 000 Menschen jährlich. Seit der Bildung der beiden deutschen Staaten hatten über zwei Millionen die Grenze in Richtung Westen überschritten, davon die Hälfte im Alter von unter 25 Jahren und nur 10 % Rentner. Seit der Grenzabdichtung von 1952 lief die Abwanderung über Berlin, wo man den freien Verkehr über die Grenze aufgrund des Potsdamer Abkommens nicht hindern konnte. Sowohl der DDR-Führung als auch der Sowjetunion war klar, dass die Auswanderung auf Dauer den Fortbestand der DDR gefährden würde.

Es war auch keinesfalls so, dass man im Westen das Problem nicht sah. Im Gegenteil, man hoffte insgeheim, dass dieser Umstand die DDR letztendlich zu Fall bringen würde. In westlichen Augen hatten Regime, deren Repräsentanten nicht mehrheitlich vom Volk gewählt wurden und dem die Menschen zu entfliehen versuchten, keine Daseinsberechtigung. Zudem nicht, wenn sie sich dann noch dreist als Vertreter des Volkes hinstellten, wie es die sozialistischen Regime des 1955 gegründeten Warschauer Paktes einschließlich der DDR durchweg taten.

Im November 1958 kam es zur sogenannten Berlin-Krise, auch Chruschtschow-Ultimatum genannt. Der Generalsekretär der KPdSU, Nikita Chruschtschow, forderte, das Abkommen über die alliierte Besatzung Berlins zu kündigen und West-Berlin in eine autonome Freistadt umzuwandeln, was den Abzug der Westmächte aus West-Berlin bedeutet hätte. Die Sowjetunion würde ihrerseits ihre Funktionen in Berlin und die Kontrolle der Zufahrtswege an die DDR übergeben. Im Falle einer Ablehnung der Forderung würde die Sowjetunion der DDR im Rahmen eines Friedensvertrages bis Jahresende die volle Souveränität erteilen, was eine erneute Blockade West-Berlins hätte zur Folge haben können und wodurch Chruschtschows Forderung zu einem Ultimatum wurde.

Die West-Mächte lehnten die Forderung im Dezember ab, was kurz darauf den sowjetischen Außenminister Gromyko davor warnen ließ, Berlin könnte ein zweites Sarajewo werden, also der Auslöser für einen neuen Weltkrieg. Während der Mitte des Jahres 1959 trafen die vier Mächte sich in Genf zur Deutschlandkonferenz. Während dieser stationierte die Sowjetunion insgeheim Atomraketen in der weiteren Umgebung Berlins, um ihre Verhandlungsposition zu stärken. Diese wurden jedoch bald darauf wieder abgezogen, unter Umständen als Reaktion auf amerikanische Gegenmaßnahmen im Pazifik.

Dazu muss die Tatsachen erwähnt werden, dass Berlin in jenen Jahren – und auch weiterhin während der gesamten Zeit des Kalten Krieges – der vielleicht geschäftigste Ort der Welt war, was gegenseitige Spionage anbelangt. Die sowjetische und amerikanische Seite im Besonderen glaubten (oder hofften?) immer einigermaßen über die geplanten Gegenzüge der anderen Seite im Klaren zu sein und deren Pokerface zu durchschauen. Die West-Mächte bereiteten sich insgeheim auf militärische Gegenaktionen für den Fall einer erneuten Berlin-Blockade vor (Organisation Life Oak). Sie schienen das ernst zu meinen. Die USA hatten ja auch den kommunistischen Vormarsch in Korea gestoppt und dafür einen furchtbaren Krieg (1950-1953) in Kauf genommen. Die Sowjetunion operierte wohl doch eher mit Drohgebärden und wollte eine militärische Auseinandersetzung um Berlin, die unter Umständen zum Einsatz von Atomwaffen geführt hätte, unter keinen Umständen wirklich riskieren. Das Chruschtschow-Ultimatum verlief im Sande, ohne dass das Problem der Bevölkerungsabwanderung gelöst war. Im Jahr 1959 verließen 144 000 Ost-deutsche die DDR, im Jahr darauf wieder 199 000.

*

Obwohl aufgrund des Viermächte-Status weiterhin freier Reisever-kehr zwischen Ost- und West-Berlin herrschte, wurde man an der Grenze von Beamten der DDR kontrolliert. Es ging ihnen wohl in ers-ter Linie darum, dass westliche Besucher mit ihrer weitaus größeren Kaufkraft nicht die billigen, auf ostdeutsche Kaufkraft ausgepriese-nen Produkte im Osten aufkauften und in den Westen mitnahmen. Menschen kauften ja auch zu jenen Zeiten am liebsten ein, wo es am billigsten war. Das vertrug sich aber nicht mit der Nebeneinander-existenz der beiden Wirtschaftssysteme mit ihrer unterschiedlichen Warenauswahl und ihren unterschiedlichen Preisen, solange man sich frei bewegen konnte. Das führte dann zu jeder Menge eigenarti-ger Situationen, Improvisationen und Notlügen.

Die folgende Episode spielte sich noch vor meiner Geburt ab, zu der Zeit, als meine Mutter noch in Ost-Berlin wohnte und arbeitete, aber oft meinen Vater in seiner West-Berliner Wohnung besuchte. Einmal bekam sie in Ost-Berlin ein paar gute Kochtöpfe zu kaufen, die sie gern in die Wohnung meines Vaters mitnehmen wollte, weil sie oft dort kochte. Sie ging über die innerstädtische Grenze am S-Bahnhof Wollankstraße zwischen Pankow und Wedding. Die Grenze lief ent-lang der S-Bahnlinie. Die S-Bahnstrecke und der Bahnhof lagen in Ost-Berlin, aber der Bahnhof war mit seinem einzigen Eingang nur von West-Berlin aus zugänglich. Man musste also durch die Grenz-kontrolle in den Westen, wenn man auf den Bahnhof wollte, um dort mit der Bahn weiter durch Ost-Berlin zu fahren.

An der Grenze gab sie an, die Töpfe wären für ihre Großmutter, die in Friedrichshagen wohnte, das zu Ost-Berlin gehörte, und dass sie mit der S-Bahn dorthin fahren wollte. Ob der Beamte das glaubte oder nicht, sei dahingestellt. Er konnte jedenfalls nichts dagegen sagen. So nahm meine Mutter die Töpfe mit über die Grenze und ging damit natürlich nicht zur S-Bahn, sondern zur Wohnung meines Vaters.

Ein andermal hatte Tante Lotte, die ja auch in West-Berlin wohn-te, meiner Mutter Geld für ein paar schicke Schuhe gegeben. Meine Mutter wollte diese dann mit nach Hause, nach Ost-Berlin nehmen.

Es wurde aber von den Ost-Berliner Grenzleuten nicht gern gesehen, wenn westliche Produkte, die oft bessere Qualität hatten und schicker aussahen als die östlichen, dort eingeführt wurden. Damit wollte man die Anziehungskraft des Westens auf die Ost-Berliner Bevölkerung schwächen. Meine Eltern waren bereits verheiratet und mein Vater ging mit ihr über die Grenze, wobei er sagte, er hätte seiner Frau die Schuhe geschenkt – dagegen konnte ja auch niemand offiziell etwas einwenden.

Als mein Vater – das war nun schon nach meiner Geburt – einmal mit seinem Auto, dem DKW F89, über die innerstädtische Grenze fuhr, wurde er auch kontrolliert. Kofferraum aufmachen, Rücksitz hochklappen und das Übliche, um zu sehen, dass nicht irgendwo Waren versteckt waren, die er hätte angeben müssen. Der Beamte fand nichts. Er war gerade allein und sagte dann leise zu meinem Vater. „Tut mir leid, ick muss Sie leider kontrolliern. Ick werd ja ooch beobachtet."

*

Berlin war zum zentralen Inbegriff der politischen Entwicklung zwischen Ost und West geworden, weil hier die Konfrontation zwischen den beiden Systemen am augenfälligsten war und die Menschen in ihrem täglichen Leben berührte. Das Problem an sich war natürlich global. Und es weitete sich auf eine große Zahl von Dingen aus, wie zum Beispiel den Wettlauf in den Weltraum, der später auch meine persönlichen Interessen berühren sollte.

Im Jahr 1955 gab US-Präsident Eisenhower bekannt, dass die USA mit der Entwicklung eines Satelliten begannen, der die Erde umkreisen und Daten aus dem All senden sollte. Daraufhin kündigte die Sowjetunion sofort ein ähnliches Programm an.

Knapp zwei Jahre nach meiner Geburt, während des Internationalen Geophysikalischen Jahres 1957, schoss die Sowjetunion ihren ersten Satelliten, Sputnik 1, in eine Umlaufbahn um die Erde. Drei Wochen lang hatte man Verbindung mit ihm, bis die Batterien leer waren. Die Analyse seiner Positionsdaten und die Stärke seiner Funksignale gaben erste Aufschlüsse über die oberen Atmosphärenschichten. Nach drei Monaten verglühte er beim Wiedereintritt in die Atmosphäre.

Bereits einen Monat nach Sputnik 1 ging Sputnik 2 in die Umlaufbahn, mit der weltberühmt gewordenen Hündin Laika an Bord. Ein kontrollierter Wiedereintritt war noch nicht möglich und der Tod der Hündin wurde in Kauf genommen. Allerdings erfuhr man erst lange nach der Auflösung der Sowjetunion, dass Laika bereits wenige Stunden nach dem Start an Überhitzung und Stress starb. Noch sechs Tage lang wurden Daten übertragen (*de.wikipedia.org*). Erst Anfang 1958 folgte der erste amerikanische Satellit, Explorer 1.

Laika war die unfreiwillige Pionierin, die den Weg für den Menschen ins All vorbereitete. Im April 1961 wurde dann Jurij Aleksejewitsch Gagarin als erster Mensch mit der Raumkapsel Wostok ins All gebracht und landete nach einem Umlauf und einem dramatischen Wiedereintritt gesund am Fallschirm. Nur vier Wochen später war der erste Amerikaner im All, Alan Shepard, mit der Raumkapsel Mercury-Redstone 3.

Damit hatte die Sowjetunion die ersten drei Rekorde erreicht. Das bewegte den gerade zuvor neugewählten US-Präsidenten John F. Kennedy zu seiner Rede vom 25. Mai 1961, in der er ankündigte, dass die USA vor Ende des Jahrzehnts einen Menschen zum Mond und sicher zurück zur Erde bringen würden. Das war ein ehrgeiziges Ziel, das die USA dann auch zuerst erreichen sollten, und zwar gerade noch innerhalb der angegeben Frist. Das Unterfangen verschlang enorme Summen, die wegen des Prestiges, die ersten sein zu wollen, noch mehr in den Himmel stiegen. Aber die Sowjetunion war nicht besser und ging große Risiken ein, um auch hier zuerst zu kommen. Erst nach ihrer Auflösung erfuhr man von all den gescheiterten Versuchen, vor den Amerikanern auf dem Mond zu landen, allerdings ohne Menschen an Bord.

Ich im Garten am Attendorner Weg in Tegel, 1958

Am Tag meiner Einschulung, April 1962

4. Kapitel

DIE MAUER

Die frühen sechziger Jahre

Eine meiner frühesten Erinnerungen an die sechziger Jahre sind unsere beiden Meerschweinchen. Weder ich noch meine Eltern wissen noch genau, wann wir sie uns anschafften; vielleicht etwa um 1960. Wir hatten ein schwarzes mit langen Haaren, das Max hieß, und ein schwarz-weiß gescheckter mit kürzeren Haaren, Moritz. „Max und Moritz" hieß eine gereimte Bildergeschichte des humoristischen Dichters und Zeichners Wilhelm Busch, die von zwei Lausbuben handelte und die meine Mutter mir mehrfach vorgelesen hatte.

Unser Moritz war aufgeweckt und lebhaft, während unser Max ziemlich faul war. Sie wohnten in einer Holzkiste, die auf der Glasveranda zwischen Wohnzimmer und Garten stand, wo sich die Temperatur im Winter für sie angenehm hielt. Sie schienen sich gut zu vertragen, da sie beide genug zu fressen bekamen und Max nicht um die Führungsposition im Käfigleben konkurrierte.

Einmal bei schönem Sommerwetter nahmen wir die Behausung mit in den Garten und mein Vater ließ die Tiere frei herumlaufen, damit sie sich im grünen Gras austoben konnten. Der schwarze Faulpelz Max ging nur langsam ein wenig im Gras umher, während der schwarz-weiße Moritz ziemlich schnell unsere Gutmütigkeit ausnutzte und in die nahegelegenen Büsche ausbüxte. Er blieb eine Weile verschwunden und mein Vater suchte ihn lange, während ich mich schon darauf vorbereitete, nun nur noch ein faules Meerschweinchen zu haben. Irgendwie kam aber das andere dann doch wieder zum Vorschein.

Nachhaltiger jedoch, und mit viel größeren Folgen für unser Leben und das aller Berliner – ja symbolhaft für einen großen Teil der Welt – ist die Erinnerung an Sonntag, den 13. August 1961. Meine Eltern hörten am Morgen die Nachrichten im RIAS Berlin (RIAS = Rundfunk im amerikanischen Sektor), wo ich als Fünfjähriger nicht so hinhörte. Sie waren ja auch nicht in einer Sprache gehalten, die an Fünfjährige appellierte. Aber offensichtlich waren meine Eltern total geschockt und das merkte auch ich.

„Jetzt können wir Oma und Opa nicht mehr besuchen!" sagte meine Mutter dann. Es dauerte wohl ein wenig, bis ich die Neuigkeit verdaut hatte, natürlich ohne ihre Tragweite zu verstehen. „Und was ist mit Omi und Opi?" fragte ich ungläubig. „Nein, die leider auch nicht mehr", sagte sie traurig. „Sie haben ganz Ost-Berlin abgeriegelt."

*

In Wirklichkeit war es West-Berlin, das vom Osten her abgeriegelt wurde. Es musste eine aufwändige und ausgeklügelte logistische Planung vorausgegangen sein, an der Grenztruppen und Volkspolizei mit enormem Aufgebot teilgenommen hatten. Der Osten sah diese Maßnahme nun als die einzige an, die das Überleben seiner sozialistischen Republik gewährleisten konnte.

In vielen Büchern über den Bau der Mauer liest man, dass sozusagen über Nacht alles dicht gemacht wurde und ein Grenzüberschreiten nicht mehr möglich war. Am Sonntag, dem 13. August, fuhr mein Vater aber noch mit dem Auto zu seinen Eltern in den Osten. Am Montag konnte er noch zu Fuß die Grenze überqueren. Er traute sich nicht mehr zu übernachten, denn wer nicht beizeiten zurückkam, würde ausgesperrt sein. Innerhalb von zwei Tagen war es dann aber nicht mehr möglich, in irgendeiner Richtung über die Grenze zu kommen. Sieben der bisherigen Übergänge wurden bewahrt, aber abgeriegelt, mit Ausnahme des in der Friedrichstraße gelegenen Checkpoint Charlie, der für die Angehörigen der alliierten Besatzungsmächte vorgesehen war, denen man den freien Zutritt aufgrund des Viermächte-Status nicht verwehren konnte.

*

Insgeheim hatte das Zentralkomitee der SED sich in Moskau die Einwilligung dafür geholt. Denn es waren ja die Sowjets, die letztendlich dafür gerade stehen mussten, falls die Westmächte auf diesen offensichtlichen Bruch des Viermächte-Status der Stadt unangenehm reagieren würden. Die sowjetischen Truppen waren in Bereitschaft versetzt, aber machten keine Anstalten, an der Abriegelung West-Berlins teilzunehmen.

Die politische Temperatur war nun schon eine Zeitlang sehr hoch, da die Führung der DDR in der Durchlässigkeit der Grenze zwischen den beiden Welten mit ihren gegensätzlichen Wirtschafts- und Gesellschaftsstrukturen ihre Existenz gefährdet sah. Das westliche Beharren auf dem Viermächte-Status hatte ursprünglich geopolitische Ursachen: Man wollte eine antikommunistische Bastion im Herzen des Gegners behalten. Aber West-Berlin war inzwischen auch im menschlichen Sinne zum Sinnbild der Freiheit gegenüber den unterdrückenden Parteidiktaturen des Ostens geworden, das man um keinen Preis aufgeben wollte.

Generalsekretär Chruschtschow war nicht leicht von seiner Idee eines separaten Friedensvertrags mit der DDR und der Umwandlung Berlins in eine „Freie Stadt" ohne alliierte Präsenz abzubringen, aber die feste Haltung der Westalliierten und die zunehmend prekäre Lage der DDR ließen ihn schließlich im Juli 1961 Ulbrichts Plänen bezüglich einer physischen Absperrung West-Berlins zustimmen. Es ist wohl nie offenkundig geworden, ob überhaupt und wieviel die westlichen Nachrichtendienste im Voraus wussten. Die westdeutschen und die West-Berliner politischen Kreise wurden jedenfalls im Schlaf überrascht. Besonders in der West-Berliner Stadtregierung war man verzweifelt über die Tatsache, dass die West-Alliierten nichts unternahmen. Am 14. August soll Kennedy im Kreis seiner Berater gesagt haben, dass eine Mauer verdammt noch mal besser war als ein Krieg.

Über Nacht waren Stacheldrahtverhaue durch und um das gesamte Stadtgebiet gezogen worden. Über die Straßen, die die Sektorengrenze zum Westteil der Stadt überquerten, wurden das Straßenpflaster aufgerissen und Betonpfähle errichtet. S-Bahn- und U-Bahn-Linien wurden unterbrochen, Bahnhöfe abgesperrt. Die Nationale Volksarmee hielt mit mehreren tausend Mann Wache, um Fluchten (im DDR-Jargon „Grenzdurchbrüche" genannt) zu verhindern, war aber vorerst angehalten, von der Schusswaffe nur zur Selbstverteidigung Gebrauch zu machen. Trotzdem gelang in den ersten Tagen vielen Menschen die Flucht in den Westen. Auch Polizisten und Soldaten desertierten. Ein Bild, das um die Welt ging, zeigt einen Grenzpolizisten am 15. August im Sprung über den Stacheldrahtverhau, wobei er sein Maschinengewehr fallen lässt.

Wenige Tage später bereits begannen Bauarbeiter, die Stacheldrahtverhaue durch eine erste primitive Mauer zu ersetzen, die in der darauffolgenden Zeit immer mehr ausgebaut wurde.

Während der ersten Wochen und Monate kam es zu zahlreichen dramatischen Fluchten zu Fuß, zu Durchbrüchen mit Fahrzeugen und Sprengstoffanschlägen auf die Mauer. In der Bernauer Straße, in Kreuzberg und einigen anderen Gegenden verlief die Grenze durch enge Straßen, wo zu Ost-Berlin gehörende Häuser ihre Front an der zu West-Berlin gehörenden Straße hatten. Die Türen wurden schnell verriegelt, aber zahlreichen Bewohnern gelang die abenteuerliche Flucht aus Fenstern. Eine Frau stürzte dabei am 22. August zu Tode, bevor die West-Berliner Feuerwehr ein Sprungtuch aufspannen konnte. Sie wurde das erste Todesopfer an der Mauer. In der darauffolgenden Zeit wurden die Fenster von innen vermauert.

Zwei Tage später wurde ein junger Mann auf der Flucht durchs Wasser am Humboldthafen erschossen, nachdem er auf Warnschüsse nicht reagierte. Diese beiden waren die ersten in einer Reihe von mindestens 138 Menschen, die in den 28 Jahren, die die Berliner Mauer existierte, an ihr ums Leben kamen.

Die Berliner Mauer schien den Status Quo in und um Berlin zu definieren. Während der West-Berliner Bürgermeister Willy Brandt sie „Schandmauer" taufte, kam bei den Versuchen der DDR-Führung, eine ideologische Begründung zu finden, der Begriff „antifaschistischer Schutzwall" auf. Aber dieser Status Quo konnte sehr leicht durch unbedachte Aktionen ins Wanken geraten.

Angehörige der alliierten Besatzungsmächte hatten weiterhin das Recht, unkontrolliert über den Checkpoint Charlie in der Friedrichstraße die Grenze zu passieren. Dort standen beiderseits Wachhäuschen, auf der Ostseite (eigentlich im Norden) eine Schranke und auf der Westseite (im Süden) das wohlbekannte Schild mit der Aufschrift „You are leaving the American sector" in den drei alliierten Sprachen, also zusätzlich auf Russisch und Französisch.

Am Abend des 22. Oktober wollte der stellvertretende US-Missionschef aus West-Berlin in Zivil mit seiner Frau in Ost-Berlin die Oper besuchen, aber wurde von der Ost-Berliner Grenzpolizei ohne

Vorzeigen seines Passes nicht durchgelassen. Als er mit einem bewaffneten Soldaten in Uniform zurückkehrte, konnte er passieren. Demonstrativ wiederholten andere US-Angehörige den Vorfall und fuhren provokativ in Zivil über die Grenze. Als britische Diplomaten bereits begannen, ihre Pässe vorzuzeigen, sah sich General Clay, der Chef der amerikanischen Streitkräfte in Berlin, zur Tat gezwungen. Er merkte wohl, dass die DDR-Führung den neuen Status Quo dazu benutzen wollte, Ost-Berlin nach und nach der alliierten Kontrolle zu entziehen und in eine souveräne DDR einzugliedern. Er wollte keinen Deut weichen.

Am Morgen des 25. Oktober bezogen amerikanische Panzer Stellung am Checkpoint Charlie, die Kanonen in Richtung DDR ausgerichtet. Am Tage darauf fuhren sowjetische Panzer auf der anderen Seite auf. Hinter den Kulissen begannen die diplomatischen Drähte warm zu laufen. Im Nachhinein ist ziemlich sicher, dass keine der beiden Seiten einen Krieg um Berlin wollte, aber dass auch keine ihn ausschloss. Zumindest wurden die Streitkräfte auf beiden Seiten in Alarmbereitschaft gesetzt, einschließlich ihrer Atomwaffen. Zwei Tage später dann waren es die sowjetischen Panzer, die sich zuerst zurückzogen. Die amerikanischen folgten dem Beispiel. Beide Seiten hatten ihr Gesicht bewahrt und Teile ihrer Ziele erreicht: Angehörige der Westmächte konnten weiterhin unkontrolliert passieren, aber die Fahrten von Militärs in Zivil wurden eingestellt. Jedoch holten die USA im November zweihundert Kampfflugzeuge nach Europa, die in Frankreich stationiert wurden, um für eine eventuelle Eskalation des Konflikts um Berlin vorbereitet zu sein (Operation Stair Step). Erst im August 1962 wurden diese zurückgeführt.

*

Berlin war bei Weitem nicht der einzige Schauplatz des Kalten Krieges. Während die militärische Krise am Checkpoint Charlie abgewendet wurde, baute sich eine weitere und weitaus dramatischere auf, diesmal in Kuba. Das kommunistische Kuba direkt vor ihrer Haustür war den Amerikanern schon lange ein Dorn im Auge. Es wurde seit 1960 von amerikanischen Aufklärungsflugzeugen und westlichen Nachrichtendiensten überwacht, die ab Juli 1962 den Aufbau sowjetischer Basen feststellten. Dass das die russische Antwort auf die seit

1959 in der Türkei und in Italien stationierten amerikanischen nuklearen Mittelstreckenraketen war, die also ihrerseits vor der Haustür der Sowjetunion standen, sagte man bei uns im Westen damals nicht so deutlich. Auch mit der zuvor im April versuchten und gescheiterten amerikanische Invasion in der Schweinebucht (am Playa Girón) auf Kuba mit Hilfe einer exilkubanischen, kontrarevolutionären Gruppe – ein Akt, der offenkundig das Völkerrecht verletzte – prahlte man nicht gerne.

Zur unmittelbaren Krise kam es, als Aufklärungsflugzeuge ab Mitte Oktober 1962 in Kuba den Bau von Startrampen für nukleare Mittelstreckenraketen aufdeckten, während gleichzeitig ein sowjetischer Schiffskonvoi auf dem Weg nach Kuba war. Es kam zu einem Tauziehen zwischen der politischen und der militärischen Führung der USA, ob man eine Seeblockade errichten oder gleich zu Luftangriffen und möglicherweise zu einer Invasion übergehen sollte. Die Seeblockade (offiziell „Quarantäne") gewann und wurde von den umliegenden lateinamerikanischen Staaten unterstützt. Am 22. Oktober wurden alle amerikanischen Streitkräfte weltweit in erhöhte Alarmbereitschaft gesetzt und weitere heimische Streitkräfte nach Florida verlegt, während Präsident Kennedy erstmals die Öffentlichkeit informierte und von der Sowjetunion den Rückzug ihrer Atomwaffen aus Kuba forderte. Die Sowjetunion akzeptierte das Ultimatum nicht, aber die Schiffe drehten trotzdem ab. U-Boote, die die Schiffe begleiteten, wurden mit Unterwasserbomben zum Auftauchen gezwungen. Heute weiß man, dass die U-Boote nukleare Torpedos an Bord hatten, die zur Verteidigung angewandt werden durften. Sie feuerten diese aber nicht ab. Der kubanische Präsident Fidel Castro forderte für den Fall einer Invasion von der Sowjetunion einen atomaren Erstschlag gegen die USA, was Chruschtschow aber kategorisch ablehnte. Die Drohgebärden ließen jedoch nichts zu wünschen übrig. Beide Staaten führten in diesen Tagen Raketen- und Atombombentests durch.

Am 27. Oktober forderte Chruschtschow eine amerikanische Garantie, Kuba nicht anzugreifen, und den Abzug der amerikanischen Atomraketen aus der Türkei und Italien und bot als Gegenleistung den Abzug der sowjetischen Atomraketen aus Kuba an. Währenddessen wurde ein amerikanisches Aufklärungsflugzeug über Kuba abgeschossen, wobei der Pilot ums Leben kam. Ein Gegenangriff fand aber nicht statt. Kennedy nahm die Forderung Chruschtschows an, zunächst ohne seinen Krisenstab – der noch auf Luftangriffe drängte – über die Bedingung des Atomraketenabzugs aus Europa zu informieren.

In den darauffolgenden Monaten wurden die Mittelstreckenraketen aus Kuba abtransportiert, während der Abzug der amerikanischen Waffen aus der Türkei und Italien ein geheimes Zusatzabkommen blieb.

Nie war die Welt so nahe an einem Atomkrieg wie während der Kubakrise. Seine Abwendung war ein diplomatischer Erfolg der beiden Staatsoberhäupter, die damit aber beide das verstärkte Misstrauen ihrer eigenen Militärs in Kauf nehmen mussten.

Heute weiß man, dass sich zu dem Zeitpunkt bereits 40 000 sowjetische Soldaten, 42 Mittelstreckenraketen und etwa 80 nukleare Sprengköpfe auf kubanischem Boden befanden, Zahlen, die von der amerikanischen Führung damals weit unterschätzt wurden (*de.wikipedia.org*).

*

Die erste Zeit nach dem Mauerbau war die Grenze für West-Berliner vollkommen dicht. Der einzige Kontakt zwischen den Menschen im Westen und im Osten der Stadt war durch Briefe schreiben. Die waren eine Weile unterwegs und man musste darauf gefasst sein, dass sie gelesen wurden, um „untreue Elemente" in der Bevölkerung der DDR aufzustöbern. Man verbiss sich also beim Briefe schreiben sämtliche Bemerkungen, die irgendwie politisch deutbar waren. Auch beim Schicken von Päckchen gab es eine Reihe von Bestimmungen, die man bezüglich des Inhalts beachten musste, um zu verhindern, dass sie erstens nicht weitergeleitet wurden und zweitens dem Empfänger Schwierigkeiten bereiteten. Alle, bei denen man vermutete, dass sie mit dem Westen „kollaborierten", und wenn auch nur durch kritische Bemerkungen, kamen unter Beobachtung durch das immer weiter ausgebauten Spitzel-System der Stasi (Staatssicherheitsdienst).

*

Ich hatte einen gleichaltrigen Freund, Detlef, der ein paar Hausnummern weiter wohnte. Wir spielten bei ihm im Garten oder auf der

Straße. Ich hatte einen Tretroller. Später lernte ich Fahrrad fahren, was mir ein Mädchen aus der Umgebung beibrachte. Nach dem ersten blutigen Knie ging es dann ganz gut. Aber ich hatte damals noch kein eigenes Fahrrad.

Am südlichen Ende des Attendorner Weges gab es einen kleinen Wald. Dort ging ich zwar mit meinen Eltern manchmal spazieren, aber ich durfte nicht allein hinein. Meine Freunde und ich fuhren gerne bis an den Waldrand und zurück. Irgendwann traute ich mich mal, mit anderen zusammen dem Gebot zu trotzen und ein paar bekannte Waldwege zu gehen. Die anderen zeigten mir rote Beeren, die sie Vogelbeeren nannten, und die man nicht essen durfte. Ich hatte eingeimpft bekommen, dass man aufpassen musste, wenn man von fremden Männern angesprochen wurde. Ich machte also einen großen Bogen, wenn ich einen fremden Mann sah.

In diese Zeit fiel mein Schulanfang. Schon einige Monate zuvor war ich täglich in einer sogenannten Vorschule. Dort wollte man die Kinder, die nie im Kindergarten gewesen waren, seelisch auf die Routine der Schule vorbereiten. Sie lag ein wenig von unserem Haus entfernt und meine Mutter begleitete mich dorthin. Später erzählte sie, dass ich abends immer leichtes Fieber hatte, ohne sonst irgendwie krank zu sein. Am Morgen war immer alles vorbei. Sie vermutete, dass das vielleicht ein psychischer Stress war, da ich ja organisiertes Zusammensein mit anderen Kindern nicht gewohnt war. Selbst habe ich absolut keine Erinnerung daran.

Ende April 1962, gleich nach Ostern, fing die Schule an. Ich bekam eine riesige (im Vergleich zu meiner Körpergröße) Schultüte. Das war Tradition. Alle Kinder bekamen solche geschenkt. Die Schultüten waren lange, konische Papptüten, wie übergroße Erdbeereise. Da drinnen waren dann Dinge für den Schulbeginn, Süßigkeiten und vielleicht ein kleines Geschenk, um den Schulanfang etwas zu versüßen.

Die Alfred-Brehm-Grundschule befand sich am Ascheberger Weg, gleich um die Ecke von unserem Haus. Wir konnten sie über die Gartenhecke sehen. Dorthin ging ich dann natürlich allein. Soweit ich mich erinnere, fiel mir der Unterricht leicht. Druckbuchstaben konnte ich schon lesen. Das hatte ich mir an Autokennzeichen beigebracht. Das mit der Schreibschrift – oder zuerst eigentlich Schönschrift – ging dann auch ganz gut und auch das Rechnen. Ich kann mich nicht so gut an die erste Schulzeit erinnern, da ich weiterhin mit meinen vorherigen Freunden aus dem Attendorner Weg spielte und eigentlich in der ersten Klasse keine neuen Freundschaften schloss.

*

Opa war in den letzten Jahren schon etwas krank gewesen, aber niemand wusste, was ihm fehlte. Nun, seit August 1961, konnten wir ihn auch nicht mehr besuchen. Einmal schrieb Oma in einem ihrer Briefe, dass man bei ihm Lungenkrebs festgestellt hatte. Am 16. Juni 1962 starb er zuhause im Bett. Er hatte wohl nie eine richtige Behandlung bekommen. Als Ursache nahm man an, dass es an seinem Rauchen lag. Er hatte sowohl Zigarren als auch Pfeife geraucht.

Wir konnten ihn weder am Sterbebett besuchen noch zu seiner Beerdigung kommen. Für West-Berliner blieb die Grenze vorerst unüberwindlich.

Da sich keine Veränderungen abzeichneten, beschloss meine Mutter – wie viele andere es auch taten – für sich selbst und mich einen westdeutschen Wohnsitz zu beantragen. Mit einem westdeutschen Pass konnte man Visa für Tagesbesuche in Ost-Berlin bekommen. Wir fuhren auf der Transitstrecke durch die DDR, was glücklicherweise durch den weiterhin gültigen Viermächte-Status garantiert war, nach Barmstedt bei Hamburg. Dort wohnten entfernte Verwandte meines Vaters, die sich bereit erklärten, uns pro forma in ihrem Haus wohnen zu lassen, damit wir unseren ersten Wohnsitz dort anmelden konnten. Mein Vater machte aber nicht mit, da das wohl mit der Arbeitsstelle und der Wohnung in West-Berlin nicht so einfach gewesen wäre. Trotzdem hatten wir noch den West-Berliner Personalausweis wegen des zweiten Wohnsitzes.

Die sechziger Jahre, und ganz besonders die ersten Jahre nach dem Bau der Mauer, waren die Zeit der Grenzschikanen an den Transitstrecken. Man wartete sowohl an der Berliner als auch der innerdeutschen Grenze oft mehrere Stunden lang in langen Autoschlangen und wurde dann unpersönlich-korrekt mit steifen Gesichtsausdrücken unter den grünen Schirmmützen abgefertigt. Viele mussten nicht nur den Kofferraum und den Innenraum ihrer Autos durchsuchen lassen, sondern sogar den Rücksitz ausbauen.

Einerseits ging es darum, Fluchten von Ostdeutschen in den Westen zu verhindern, andererseits darum, die Einfuhr von „staatsfeindlicher Literatur" (dazu gehörte alles, was in westlichen Ländern gedruckt war, inklusive Kochbücher) zu unterbinden. Die langsame Abfertigung zielte darauf ab, West-Berlin für seine „imperialistischen und zersetzenden Tätigkeiten" zu strafen. Auch musste man sich in extremem Maße an die Verkehrsregeln der DDR mit ihren Eigenheiten halten, denn überall konnten Verkehrspolizisten lauern, die darauf aus waren, westdeutsche Währung als Bußgeld einzukassieren. Dadurch wurde erreicht, dass man nur „durch den Osten" fuhr, wenn es absolut notwendig war und man sich jedes Mal davor graute.

Es war charakteristisch für die Grenzkontrollstellen an den drei Transitstrecken zwischen West-Berlin und Westdeutschland, dass die Grenzbeamten fast alle sächsischen Dialekt sprachen. Wir vermuteten, dass es in Sachsen die treusten Kommunisten gab, die man uns West-Berlinern vorsetzte, um keine menschlichen Sympathien zwischen Abfertigern und Abgefertigten aufkommen zu lassen. Später wurde gesagt, dass die Leute aus jener Gegend weniger politisch informiert und westlicher Propaganda ausgesetzt waren. Sie wohnten für den Zeitraum von einigen Monaten in Berliner Kasernen, hatten keine Ortskenntnisse oder Familienbindungen in der Stadt, wurden bewusst vom gesellschaftlichen Leben fern gehalten und galten daher als weniger fluchtgefährdet. Da das mehr oder weniger die einzigen Sachsen waren, mit denen ich in meiner Jugend in Berührung kam, ist mir der Dialekt noch heute unsympathisch, obwohl ich mich dagegen zu wehren versuche.

Damit hängt auch der Witz zusammen, den wir West-Berliner gerne anwendeten: „Weeßte, wat der am meisten jesachte Satz mit ‚Gänsefleisch' is?" „Nee, sach mal!" „Gännse fleischt mal'n Gofferrom uffmachen?"

Am 26. Juni 1963 besuchte US-Präsident John F. Kennedy West-Berlin. Er kam morgens auf dem militärischen Teil des Flughafens Tegel an und fuhr dann in einer Kolonne von Staatskarossen in die Stadt. Irgendwie habe ich in Erinnerung, dass meine Mutter und ich an der Straße standen, wo die Kolonne vorbei fuhr, aber meine Mutter bestreitet das. Sie meint, wir hätten das im Fernsehen gesehen. Wir bekamen aber erst 1970 einen Fernseher. Mein Bruder hingegen meint, ich verwechsle das mit dem Besuch von Präsident Nixon im Jahre

1969, wo er stolz auf seinen großen Bruder war – ich hätte nämlich selbst eine amerikanische Flagge gemalt, die ich dort schwenkte.
Nun, wie dem auch sei, vielleicht war es mein Wunschtraum gewesen,
Kennedy zu sehen, und der hatte sich als Tatsache in meine Erinnerung geschlichen. Nach seiner Rede vor dem Rathaus Schöneberg, wo
halb Berlin sich zusammengedrängt hatte, war er sowieso der Held
unserer halben Stadt. Die Rede endete mit den berühmten Worten:
*„All free men, wherever they may live, are citizens of Berlin, and, there-
fore, as a free man, I take pride in the words ,Ich bin ein Berliner.'"*

Am Abend nach der Arbeit kam mein Vater nach Hause und brachte
eine Karte mit Briefmarken und einem Ersttagsstempel darauf mit.
Ich sammelte Briefmarken, weil Tante Lotte durch ihre internationale
Korrespondenz am Institut für Zuckerindustrie so viele bekam und
mir immer die Briefumschläge zum Ablösen der Marken mitbrachte.
Aber das nun waren meine ersten Sonderbriefmarken mit Ersttagsstempel!

Nicht lange danach eröffnete mir meine Mutter, dass ich in etwa
einem halben Jahr ein kleines Geschwisterchen bekommen würde.
Später erzählte sie, dass ich darauf wohl ziemlich unberührt reagierte, so dass sie gar nicht wusste, ob ich mich freute. Da ich an diese
Möglichkeit wohl nie richtig gedacht hatte und der Gedanke recht neu
für mich war, nahm ich es wohl hin, wie es kam und hatte weder ein
gutes noch ein schlechtes Gefühl dabei. Ohnehin würde das Baby acht
Jahre jünger sein als ich und daher sicherlich kein Spielkamerad werden. Ich harrte also der Dinge, die da kommen würden.

Aber erst mal stand eine Urlaubsreise an. Wir hatten seit Hohwacht
am Ostseestrand fünf Jahre zuvor keine richtige Urlaubsreise mehr
gemacht. Nun fuhren wir nach Toblach in Süd-Tirol und wollten einmal richtige Berge erleben. Aus irgendeinem Grund, den keiner mehr
so richtig weiß, aber der mit ihrem Reisepass zusammenhing, flog
meine Mutter mit mir nach Hannover, wo wir meinen Vater trafen
und von dort aus im Auto fuhren. Das war der erste Flug in meinem
Leben, mit einer DC-6 der Pan American.

Deutsche Fluggesellschaften waren auf Grund der alliierten Ver-
einbarungen vom Verkehr nach Berlin ausgeschlossen. Sowohl die
Pan American mit ihren DC-6 als auch die British Airways mit ihren Vickers Viscount flogen vom Flughafen Tempelhof im südlichen

West-Berliner Stadtgebiet aus. Beide waren Propellermaschinen mit vier Motoren. Dann gab es noch die Air France, die mit einer Caravelle, eines der ersten kommerziellen Düsenflugzeuge, vom Flughafen Tegel aus verkehrte, mit der ich aber nie die Gelegenheit hatte zu fliegen.

Jener erste Flug war spannend für mich. Die langsamen Propellerflugzeuge, die zudem noch in nur 3000 Metern Höhe über „den Osten" fliegen durften (damals war von West-Berlin aus gesehen in allen Richtungen nur Osten), waren anfällig für Turbulenzen. Für meine Mutter war es auch der erste Flug im Leben.

Wir hatten inzwischen ein neues Auto, einen elfenbeinfarbenen DKW Junior mit anthrazitfarbigem Dach. Er hatte mehr Platz als der alte Wagen, besonders auch im Kofferraum, obwohl es immer noch ein Kleinwagen war. Mein Vater wurde Weltmeister im Packen und schaffte es, für jeden einen Koffer, diverse extra Taschen, Campingmöbel und alles mögliche andere hineinzuzaubern. Bei einem etwas größeren Auto später passten sogar noch ein Holzkohlengrill und ein Schlauchboot hinein!

Wir trafen uns in Hannover und fuhren südwärts. Meine Mutter bekam unterwegs starke Zahnschmerzen, so dass wir im Bamberg einen Zahnarzt aufsuchen mussten, der ihr auf Anhieb einen Zahn zog.

Weitere Zwischenfälle gab es erst später vor Ort. Wir wohnten in einer Pension auf einem Bauernhof. Eines Tages gingen mein Vater und ich auf eine Wanderung vom Fischleintal (Val Fiscalina) zu einer Berghütte am Fuß der Drei Zinnen (Tre Cime di Lavaredo). Meiner Mutter, die schwanger war, war das zu viel und sie wartete unten im Tal. Allerdings dauerte unsere Wanderung länger als geplant. Sie bekam Hunger. Im Auto lag Proviant, aber sie hatte keinen Autoschlüssel. Tja, auch Urlaub machen musste gelernt sein.

Als wir zu meiner hungrigen Mutter zurückkamen, war die Stimmung daher schon beeinträchtigt. Zu allem Übel sah mein Vater sich auf dem Rückweg beim Fahren auf der unbefestigten Straße die Berge an, wobei er gegen einen Felsen fuhr, der zu nah am Wegrand stand. Es war nur ein Blechschaden und das Auto fuhr weiter, aber es dauerte einige Tage, bis die Werkstatt im Nachbarort Bruneck Ersatzteile bekam und die Reparatur durchführen konnte.

Mitte August zogen wir in eine größere und wärmere Wohnung um, die wir uns jetzt leisten konnten. Sie lag in der neuen Paul-Herz-Siedlung in Charlottenburg Nord-Ost nahe der Kreuzung Kurt-Schumacher-Damm Ecke Heckerdamm, im obersten Stock eines dreistöckigen Hauses. Es gab viele solcher Häuser dort, die von Grünanlagen mit Fußwegen getrennt waren und für den Anliegerverkehr in einer Vielzahl von Sackgassen zugänglich waren. Alle Straßen in der Siedlung waren nach Widerstandskämpfern gegen die Nazi-Regierung im „Dritten Reich" benannt. Unsere Straße hieß Wiersichweg nach Oswald Wiersich (1882-1945), der noch kurz vor der Kapitulation Deutschlands an der Hinrichtungsstätte Plötzensee ganz in der Nähe hingerichtet wurde.

Wir hatten eine Drei-Zimmer-Wohnung mit Balkon. Von dort aus konnten wir über die Straßenkreuzung zum Volkspark Jungfernheide blicken. Abends bei Dämmerung kamen jeden Tag Schwärme von Krähen geflogen, die ihre Schlafplätze in der Jungfernheide aufsuchten. In der Wohnsiedlung gab es viele Kaninchen, die ihre Bauten unter den Büschen gegraben hatten. Leider hatten wir unsere Meerschweinchen weggeben müssen, da sie sich sicherlich in der neuen Wohnung nicht wohl gefühlt hätten. Dafür hatte ich nun ein ordentliches Zimmer, in dem ich hausen konnte – jedenfalls, bis mein erwartetes Geschwisterchen seinen eigenen Platz dort beanspruchen würde.

Die Tatsache, dass ich die Schule wechseln musste, machte mir nicht so viel aus, denn ich hatte unter meinen Klassenkameraden, soweit ich mich erinnere, keine engeren Freundschaften geschlossen. Die Grundschule, die für die Paul-Herz-Siedlung zuständig sein sollte, war noch nicht fertiggestellt. Deswegen ging ich das erste halbe Jahr lang noch auf die Erwin-von-Witzleben-Grundschule, die am Halemweg Ecke Heckerdamm lag. Dort wurden die Schüler aus der Paul-Hertz-Siedlung bereits in eigenen Klassenverbänden untergebracht, so dass es nicht kurze Zeit später schon wieder einen großen Einschnitt geben würde.

Abgesehen von den ersten Tagen ging ich weiterhin allein zur Schule. Es waren nur etwa zehn Minuten Fußweg. Allerdings musste ich den Kurt-Schumacher-Damm überqueren. Es gab eine Ampel, aber dort kamen damals die Autos in voller Fahrt vom Ende der Stadtautobahn her an, so dass sie beim Wechsel der Verkehrsampel von Gelb auf Rot nicht rechtzeitig anhalten konnten. Oft gab es deshalb schwere Unfälle, die wir vom Balkon aus mitbekamen. Ich war also besonders vorsichtig an der Ampel. Die erste Zeit sah mir meine Mutter aus dem Fenster hinterher, bis ich gut über die Straße gekommen war.

Es war das zweite Halbjahr der zweiten Klasse. Auch an diese Schule habe ich nicht viele Erinnerungen.

*

Am 22. November 1963 wurde John F. Kennedy in Dallas, Texas ermordet. Es war ein harter Schlag, nicht nur für die Amerikaner, sondern auch für uns in West-Berlin. Die USA waren die hauptsächlichen Garanten für die Sicherheit unserer halben Stadt und Kennedy, der gesagt hatte, er sei ein Berliner, war in unseren Augen wirklich fast einer geworden.

Durch starken und dauerhaften Druck des Regierenden Bürgermeisters von Berlin, Willy Brandt, kamen 1963 Verhandlungen mit der DDR über Besuchsmöglichkeiten in Gang. Sie führten erstmalig zu Passierscheinregelungen für die Weihnachtszeit. Es war mit viel Anstehen an den wenigen Stellen verbunden, wo DDR-Beamte Passierscheinanträge entgegennahmen. Allerdings durften diese nicht in West-Berlin bearbeitet werden, denn die West-Berliner Regierung wollte aus Prinzip keine Amtshandlungen der DDR auf West-Berliner Gebiet zulassen. Deshalb musste man später nochmals anstehen, um den Berechtigungsschein für den Erhalt eines Passierscheins abzuholen, den man dann am Grenzübergang ausgehändigt bekam. Was Bürokratie anbelangte, waren die im Osten genauso gründlich wie wir im Westen.

Als wir dann um Weihnachten 1963 endlich zum ersten Mal wieder alle zusammen in den Osten fahren konnten, musste mein Vater, der ja nur den West-Berliner Personalausweis hatte, die Mauer an der Oberbaumbrücke in Kreuzberg passieren, während meine Mutter und ich mit unserem westdeutschen Ausweis über den Bahnhof Friedrichstraße nach „Berlin, der Hauptstadt der Deutschen Demokratische Republik" einreisen mussten. Man machte es den Leuten so schwer wie möglich, aber immerhin funktionierte es. 1,2 Millionen Menschen besuchten Ost-Berlin aus dem Westen während des ausgehandelten Zeitfensters zwischen dem 19.12.1963 und dem 5.1.1964.

Auch in den nächsten Jahren, 1964 und 1965, gab es um die Weihnachtszeit entsprechende Passierscheinregelungen und dann noch einmal zu Ostern und Pfingsten 1966. Danach wurde man sich einige Jahre lang nicht mehr über die Bedingungen einig.

*

Am 8. Januar 1964 kam mein Bruder zur Welt. Bis dahin hatten wir, wie damals üblich, nicht gewusst, ob es ein Junge oder ein Mädchen sein würde. Mein Vater und ich holten die beiden mit dem Auto vom Virchow-Krankenhaus im Wedding ab. Er bekam den Namen Wolfgang.

Natürlich drehte sich die Welt nun um das neue Baby. Meine Eltern versicherten mir jedoch, dass Babys zwar viel Aufmerksamkeit benötigten, dass das aber nicht bedeutete, dass ich nun ins Abseits geschoben wurde. So fühlte ich das auch gar nicht. Ohnehin war ich jemand, der sich viel selbst beschäftigte und das kam mir nun zugute.

Im Mai 1964 fuhr meine Mutter zum ersten Mal mit Wolfgang in den Osten. Sie hatte großes Herzklopfen an der Grenze, als sie zum ersten Mal mit dem Kinderwagen über den Grenzübergang Bornholmer Straße ging.

Später mussten Besucher mit westdeutschem Ausweis an der Friedrichstraße über die Grenze. Man musste dann mit der U-Bahnlinie 6 von Tegel Richtung Alt-Mariendorf fahren. Die Linie fuhr unterirdisch durch den Bezirk Berlin-Mitte, der zu Ost-Berlin gehörte. Die dortigen Bahnhöfe Schwartzkopffstraße, Naturkundemuseum und Oranienburger Tor – oder wenn man vom Süden kam, die Bahnhöfe Französische Straße und Stadtmitte – waren zu Geisterbahnhöfen geworden. Die Züge hielten nicht, sondern fuhren langsam an den spärlich beleuchteten, alten Bahnsteigen im Vorkriegs-Design vorbei, in denen Grenzbeamte der DDR mit umgehängten Kalaschnikows Wache standen. Auch an der U-Bahnlinie 8 über Alexanderplatz gab es sieben solcher Geisterbahnhöfe. Viele Passagiere hatten ein ungutes Gefühl dabei und einige umgingen es, diese U-Bahnlinien zu nehmen.

Aber wer zum Grenzübergang Friedrichstraße wollte, der vorläufig für Reisende mit westdeutschem Ausweis eingerichtet war, hatte keine andere Wahl. Dort wurde man dann durch Absperrgitter zur Pass- und Zollkontrolle geleitet, wo man oft stundenlang anstehen musste. Währenddessen war man die ganze Zeit dem sogenannten DDR-Geruch ausgesetzt, der wahrscheinlich von einem Reinigungsmittel stammte, das man im Osten an öffentlichen Orten verwendete, und woran wir sofort die DDR erkannten. Dann musste man seine Taschen öffnen und erklären, dass man keine Druckerzeugnisse und dergleichen bei sich hatte, den Mindestumtausch von damals 5 D-Mark in 5 Mark (Ost) – von uns im Westen „Zwangsumtausch" oder auch „Eintrittsgeld" genannt – und trat dann hinaus in die grauen, relativ leeren Straßen Ost-Berlins. Hier kam der zweite Ost-Geruch zum Tragen – der von verbranntem, minderwertigem Niedrig-Oktan-Benzin. In Ost-Berlin angekommen, war es für uns immer am günstigsten, mit der Straßenbahn nach Niederschönhausen zu fahren.

Im Mai 1964 war Wolfgang vier Monate alt. Omi freute sich unglaublich, ihren zweiten Enkel zu sehen. Sie war schon nierenkrank und hatte vielleicht schon eine Ahnung, dass sie nicht mehr so lange leben würde.

Ab November 1964 durften Rentner aus der DDR einmal im Jahr in den Westen kommen. Rentner kosteten dem Staat nur Geld. Falls sie nicht zurückkamen, war das kein Verlust für die ostdeutsche Wirtschaft. Daher konnte Omi uns noch im Januar 1965 zu Hause besuchen. Wegen ihrer Krankheit war sie da schon einige Jahre im Ruhestand.

Omi starb in der Charité am 12. Juli 1965. Zu ihrem Begräbnis konnten wir alle in den Osten fahren. Sogar mein Vater bekam nun anlässlich des Ereignisses einen Passierschein. Während meine Eltern und Opi auf dem Begräbnis waren, wartete ich als Neunjähriger in Opis Wohnung in der Rolandstraße und passte dort so lange auf meinen kleinen Bruder auf.

Die Charité galt als führendes Krankenhaus der DDR. Zwei Jahre später wurde dort die erste erfolgreiche Nierentransplantation durchgeführt und Omi hätte vielleicht Überlebenschancen gehabt.

Auch Oma nahm die Möglichkeit wahr und kam nun einmal im Jahr zu uns in den Westen.

Nach den Osterferien 1965 war die Helmut-James-von-Moltke-Grundschule am Heckerdamm, auf die ich eigentlich gehen sollte, endlich fertiggestellt und bezugsklar. Dort verbrachte ich die vierte Klasse und hatte nun einen noch kürzeren Schulweg ohne eine gefährliche Straßenkreuzung.

Hier lernte ich Achim kennen, der auch in der Paul-Herz-Siedlung wohnte und mit dem ich mich nach und nach auch außerhalb der Schule manchmal traf. Achim sollte mir bis hin zum Abitur auf die gleichen Schulen folgen und wir waren immer in der gleichen Klasse.

Besonders kann ich mich aus dieser Zeit an den Deutsch-Unterricht erinnern, denn wir hatten eine sehr nette und gute Deutsch-Lehrerin, die uns systematisch deutsche Grammatik beibrachte. Es ist gut möglich, dass das für viele von uns langweilig war, aber ich kann mich erinnern, dass dieser Unterricht den Grundstein für mein späteres Sprachinteresse legte. Nach der vierten Klasse hatte ich das Gefühl, den grammatischen Aufbau unserer Sprache verstanden zu haben, mit den meisten Fachwörtern für Satzteile, Wortklassen und Beugungen. Das half mir später ungemein beim Erlernen anderer Sprachen.

Diese Lehrerin bekam offenbar auch mit, dass ich und einige andere Schüler schnell das meiste mitbekamen, während sie für die anderen vieles mehrfach wiederholen musste. Sie empfahl meinen Eltern, mich auf eine andere Schule mit etwas höheren Anforderungen zu schicken und das am besten gleich ab der fünften Klasse.

*

Mitte der sechziger Jahre geschahen noch ein paar andere Dinge. 1964 bekamen wir zum ersten Mal einen Telefonanschluss. Im gleichen Jahr wechselte mein Vater bei Bosch von der Abteilung für Schwerhörigengeräte über in die Entwicklung von Funkgeräten und arbeitete nun unter anderem an deren Stromversorgung.

Außerdem begann mein Vater zusammen mit ein paar Kollegen zusammen Hausmusik zu machen. Er kaufte sich eine Bassgitarre. Die anderen spielten Gitarre, improvisiertes Schlagzeug und Klarinette und es wurde auch gesungen. Was herauskam, war eine Art von Jazz, der sich manchmal gar nicht so schlecht anhörte.

Im Sommer 1965 fuhren wir wieder einmal in die Sommerferien, diesmal an den Ostseestrand auf der dänischen Insel Møn. Wir mieteten ein kleines Sommerhaus auf der Halbinsel Ulvshale. Es wurde jedoch ein recht primitives Ferienerlebnis. Die Vorratskammer war ein abgedecktes Erdloch. Dass es keinen Strom gab, wussten wir ja im Voraus, aber das vorhandene Petroleum für die Öllampen war Dieseltreibstoff, rußte und stank, sodass wir abends lieber bei Kerzenlicht saßen. Der Strand war jedoch schön und wir tankten eine Menge Sonne. Keiner von uns konnte damals schwimmen und es mussten Luftmatratzen herhalten.

Die Rückfahrt war etwas kompliziert. Meine Mutter glaubte, die Grenzbeamten der DDR hätten in ihrem Ausweis eine Markierung hinterlassen und sie traute sich nicht, die gleiche Transitstrecke von Warnemünde nach West-Berlin im Auto zurückzufahren. Sie nahm daher eine Fähre nach Travemünde bei Lübeck und fuhr von dort mit der Bahn nach Berlin. Alles verlief glatt, aber der Vorfall zeigt, wie sehr man durch die Schikanen an den innerdeutschen Grenzen verunsichert war.

Meine Mutter, mein Bruder Wolfgang und ich am Tegeler See, 1966

Ich mit meinem neuen Tonbandgerät, April 1970

5. Kapitel

BEATLES UND MONDLANDUNG

Die späten sechziger Jahre

Nun begann langsam die Zeit, an die ich mich selbst besser erinnere und weniger von den Erzählungen meiner Familie abhängig bin.

Wir merkten im täglichen Leben nichts davon, dass die Mauer da war. Sie war Gewohnheit geworden. Natürlich brauchte man nur die Zeitung aufzuschlagen oder die Nachrichten im Radio zu hören, um daran erinnert zu werden. Wieder einmal war eine Tunnelflucht aus Ost-Berlin gelungen oder gescheitert. Wieder einmal war es zu Schüssen an der Grenze gekommen. Wieder einmal waren irgendwelche Verhandlungen um Regelungen für den grenzüberschreitenden Verkehr im Gange, mit Erfolgen oder mit Rückschritten.

Es erschien fast normal, dass es mit Schwierigkeiten verbunden war, meine Großeltern im anderen Teil der Stadt zu besuchen. Ich erinnerte mich kaum mehr an die Zeit, als man einfach hinfahren konnte oder sie einfach zu uns auf Besuch kommen konnten. Wir besuchten sie vielleicht jeden zweiten Monat oder seltener und da war es einfach so, dass man über die innerstädtische Grenze musste, an Stacheldrahtverhauen und Panzersperren vorbei, mit denen sie im Osten ihre Bevölkerung einsperrten, um ihr den Sozialismus aufzuzwingen.

1966, ein Jahr nach Omis Tod, heiratete Opi eine nette Bekannte, die wir Tante Grete nannten, die nun unsere neue Großmutter wurde. Sie war äußerst umgänglich und lieb und hatte ein sehr ausgleichendes Wesen. Sie sprach nie von Politik und hatte wohl irgendein heimliches Rezept, mit dem sie dafür sorgte, dass das Thema überhaupt nicht aufkam. So trug sie zweifelsohne das Ihre dazu bei, ihre neue Familie in Frieden zusammenzuhalten und bei unseren Besuchen eine gemütliche Hintergrundatmosphäre zu schaffen.

Unsere alljährlichen Sommerreisen gingen nun meist nach Dänemark. Die Transitstrecke verlief vom Grenzübergang Heerstraße im Berliner Bezirk Spandau vorwiegend auf Landstraßen gen Norden nach Warnemünde bei Rostock. Sie führte durch ländliche Gegenden und Dörfer mit Bauernhöfen. Manchmal sahen wir sogar Störche in ihren Nestern auf Dachgiebeln. Alles sah etwas zurückgeblieben und teils verkommen aus, so als ob sich seit dem Krieg nicht viel verändert hatte. Auf dieser Strecke merkte man auch nichts von Überwachung. Aber wir wagten es trotzdem nicht, anzuhalten und auszusteigen, denn das war verboten und man wusste ja nie, ob einen irgendein Spitzel beobachten und anzeigen würde.

Von Warnemünde aus ging eine Auto- und Eisenbahnfähre nach Gedser auf der dänischen Insel Falster. Die Vopos (westlicher Kurzname für Volkspolizisten) dort im Norden waren angenehmer als an den Berliner Grenzen. Hier waren es keine geschulten und überkorrekten Parteileute, sondern ganz normale Menschen, die ihren Job machten. Sie lächelten sogar manchmal. Und sie sprachen mecklenburgisch, also nicht diesen Dialekt der Überkorrekten aus dem Süden der DDR, der uns damals zum Hals heraus hing.

In Dänemark verbrachten wir 1966 und 1967 unseren Urlaub wieder auf der Insel Møn, aber diesmal am südlichen Ufer bei Råbylille Strand auf einem Hof, wo eine Bauernfamilie zwei Zimmer in ihrem Haus vermietete. Dort gab es ein paar Katzen, die meinen kleinen Bruder Wolfgang und mich beschäftigt hielten. Die Unterkunft bekam von uns bald den Namen „Miezekatzenhaus". Zum Strand waren es einige Kilometer. Man konnte einen Feldweg entlang durch morastige Wiesen und Buschlandschaft zum Strand laufen. Dort machten wir manchmal abendliche Spaziergänge. Wollten wir jedoch den Tag am Strand verbringen und einiges an Ausrüstung mitnehmen, fuhren wir mit dem Auto.

Schon während der ersten Tage machte ich Bekanntschaft mit einer Wespe, die ausgerechnet unter der Türklinke saß, die ich anfasste, und die mich in den Finger stach. Meine Mutter holte sofort eine Zwiebel, schnitt sie an und machte damit einen Umschlag. Irgendwie hatte ich nicht das Gefühl, dass es half, aber man weiß ja nicht, wie es sonst gewesen wäre. Der Stich machte mir nun einige Tage lang zu schaffen, bis ich ihn nach und nach vergaß.

Gute zehn Kilometer östlich des Miezekatzenhauses befanden sich die bis zu hundert Meter hohen Kalksteinklippen von Møns Klint, die wir ein paar Mal besuchten. Es waren steile Wände aus leuchtend weißem Coccolithen-Kalk aus der Kreidezeit, das gleiche Gestein, dass der Schreibkreide ihren Namen gegeben hat. Die obere Felskante war bewaldet und unter den Wänden erstreckte sich ein schmaler Geröllstrand, auf dem man weit an den Klippen entlang wandern konnte. Mein Bruder und ich sammelten kiloweise Donnerkiele, Versteinerungen von Belemniten aus der Kreidezeit, die sich später nach mehreren Urlauben zuhause in großen Pappkartons anreicherten. Ansonsten war die Insel Møn ruhig und entspannend, die Leute freundlich und wir verbrachten dort erholsame Wochen.

*

Drei Monate vor dem ersten Urlaub im Miezekatzenhaus wechselte ich nochmals die Schule. Der Anlass war, dass meine Lehrerin – diejenige, bei der ich so gut Grammatik gelernt hatte – meinen Eltern empfohlen hatte, mich auf eine anspruchsvollere Schule zu schicken. Sie merkte, dass ich das meiste schnell begriff und mich langweilte, während sie es für andere mehrfach wiederholen musste.

Die Empfehlung lief auf die Schillerschule hinaus, die am Ernst-Reuter-Platz lag, eine Viertelstunde Busfahrt von zuhause entfernt. Die Schillerschule – genauer gesagt das Schiller-Gymnasium – war eine Oberschule, die wie üblich mit der siebenten Klasse anfing. Ich sollte aber erst in die fünfte kommen. Die Schillerschule war eine der zwei Schulen West-Berlins, die damals als erste Fremdsprache Französisch pflegten, neben dem Französischen Gymnasium, das von der französischen Besatzungsmacht betrieben wurde. Sie setzte voraus, dass man ab der fünften mit Französisch anstelle von Englisch angefangen hatte. Zu diesem Zweck gab es die Einrichtung der Goethe-Schule, die zwar formell gesehen eine eigene Schule war, aber im gleichen Gebäude untergebracht war, nur aus der fünften und sechsten Klasse bestand und mit Französisch als erster Fremdsprache anfing.

Zusammen mit Achim ging ich ab Ostern 1966 dort hin. Wir fuhren jeden Morgen mit dem 62er Bus vom Heckerdamm zum Ernst-Reuter-Platz, den Tegeler Weg an der Spree und dann die Otto-Suhr-Allee entlang. Es waren noch die alten doppelstöckigen Busse, wo die Treppe zum Obergeschoss gleich von der hinteren Tür aus hoch ging und wo der obere Gang seitlich lag. Wir versuchten immer, Sitzplätze ganz vorne zu ergattern, wo viel Platz war und wo die anderen Fahrgäste sich nicht an uns vorbeiquetschen mussten.

Die Schule lag in einem über fünfzig Jahre alten, ehrwürdigen, vierstöckigen, grauen Granitgebäude mit Reliefsteinen über den hohen Fenstern, das aber in die Häuserfront der Schillerstraße eingereiht war. Durch ein breites Tor gelangte man durch das Gebäude hindurch auf den Schulhof, über den wir gewöhnlicherweise gehen sollten, um zu den Korridoren mit den Klassenräumen zu gelangen. Ging man durch den Haupteingang, kam man über eine breite Steintreppe auf den Hauptgang im ersten Stock, wo das Büro des Direktors über ein Vorzimmer zu erreichen war. Daneben befand sich auch das Lehrerzimmer. Eine Treppe höher kam man durch drei schwere Flügeltüren in eine riesige Aula mit fünf hohen Bogenfenstern. Überhaupt war hier alles groß und weiträumig gegenüber meinen bisherigen Schulen und flößte Ehrfurcht ein.

Der Französisch-Unterricht machte mir Spaß. Der Direktor des Schiller-Gymnasiums, Herr Wieczorek, unterrichtete uns in eigener Person. Er war ein älterer, sympathischer und immer gut aufgelegter Mann mit grauem Haar, der einen guten Draht zu uns Schülern hatte. Er schien der richtige Mann am richtigen Platz zu sein.

Unsere Klassenlehrerin war eine jüngere Frau, zu der ich kein so gutes Verhältnis bekam. Soweit ich mich erinnere, hatten wir Deutsch und Erdkunde bei ihr. Besonders Erdkunde mochte ich eigentlich sehr gern. Aber nach und nach fing sie an, an mir herumzukritisieren, ohne dass ich den Anlass dazu wusste. Etwas genervt gab ich dann irgendwann mal eine freche Antwort, worauf sie mich vor der Klasse bloßzustellen versuchte, was ihr aber nur so halbwegs gelang. Auf einer Elternsprechstunde versuchte sie einmal, meine Eltern zu überzeugen, dass ich auf der falschen Schule wäre. Meine Eltern ignorierten das. Bald daraufhin bekam die Lehrerin ein Kind und verließ selbst die Schule. Von nun an hatte ich immer gute Beziehungen zu den Lehrern und auch immer gute bis durchschnittliche Zensuren.

Im Frühsommer 1967 machte wir unsere erste Klassenfahrt nach West-Deutschland. Wir waren eine Woche lang in einem Schulfreizeitheim bei Soderstorf nahe der Lüneburger Heide, wohin wir mit einem Reisebus fuhren. Wir machten eine kleine Wanderung in der Heide, besuchten Hamburg und Lübeck und machten Spiele auf dem Gelände des Freizeitheims. Ich kann mich nicht an so viele Einzelheiten erinnern, wohl aber daran, dass ich auf einmal anfing, mich für Mädchen zu interessieren, wenn auch auf kindliche Art. Meine Auserwählte hieß Claudia und war ein ruhiges, zurückhaltendes Mädchen mit langen, blonden Haaren, die sich – ähnlich wie ich – viel für sich allein hielt. Sie merkte sicherlich gar nichts davon.

Was Erdkunde anbelangt, bekamen wir in der sechsten Klasse ein Exemplar des Diercke Weltatlas übereignet, den ich noch immer (neben neueren) bei mir im Regal zu stehen habe. Er war 1957 erschienen und kam nun, 1967, in einer neuen Auflage zu uns. Diesen Atlas studierte ich nicht nur zu Schulzwecken, sondern auch aus eigenem Interesse. Landkarten faszinierten mich und ich konnte sie lange Zeit anschauen und Namen von Ländern, Städten, Gebirgen und Flüssen lesen. Ein paar Jahre später lernte ich die Namen der Hauptstädte aller Länder auswendig.

Zu dieser Zeit etwa muss es gewesen sein, dass ich mein erstes Abenteuerbuch des bekannten Jugendschriftstellers Karl May las. Aus irgendeinem Grund fing ich nicht, wie die meisten jungen Leser, mit den Winnetou-Büchern an, sondern mit „Am Rio de la Plata", das als erstes Buch einer Trilogie in Südamerika spielt. Das Buch begeisterte mich. Der Held der Geschichte reiste quer durch Südamerika und hatte viele gefährliche Begegnungen. Manchmal konnte ich das Buch nicht weglegen. Mein kleiner Bruder sollte unter mir im Doppelstockbett einschlafen und meine Eltern hätten es sowieso nicht erlaubt, dass ich zu spät schlafen ging. Also las ich öfter heimlich unter der Bettdecke mit einer Taschenlampe, bis mir die Augen zu fielen.

Irgendwann äußerte ich einmal, dass ich gern eine Landkarte von der Gegend hätte, wo das Buch spielte, denn die Atlaskarten waren nicht so ausführlich, dass man alle Orte darauf fand. Eines Abends kam mein Vater von der Arbeit und brachte eine Landkarte von Süd-Amerika mit. Das war die erste meiner dann ständig wachsenden Sammlung von Landkarten über die Kontinente und Länder der Erde. Die Faszination für Landkarten sollte mich mein Leben lang nicht loslassen.

Wenn ich heute in den alten Schulatlas schaue, muss ich manchmal lächeln. Wie sich doch die Zeiten ändern! Die ehemaligen deutschen Ostgebiete Pommern, Schlesien und Ostpreußen, die nach dem Krieg an Polen und die Sowjetunion fielen, haben dort noch den deutlichen Vermerk in roter Schrift: „Zur Zeit unter polnischer Verwaltung" (Pommern, Schlesien und das südliche Ostpreußen) und „Zur Zeit unter sowjetischer Verwaltung" (das nördliche Ostpreußen um Königsberg, heute Kaliningrad genannt). Deren Grenzen zu Polen und zur Sowjetunion sind stärker hervorgehoben als die zu Deutschland, als ob man damals noch glaubte, das Deutsche Reich würde einmal in seinen alten Grenzen wiederauferstehen. Solches wurden von den westlichen Besatzungsmächten geduldet, zumal diese ja sowieso ein sehr angespanntes Verhältnis zu den sozialistischen Nachbarländern im Osten hatten. In den in der DDR gedruckten Atlanten waren sicherlich nur die neuen Grenzen eingezeichnet, obwohl ich nie einen gesehen habe.

*

Bis zu dieser Zeit hatte ich kaum eine Beziehung zur Musik. Kinderlieder waren langweilig geworden und zu anderen musikalischen Klängen hatte ich trotz der Hausmusik meines Vaters kein Verhältnis entwickelt. Aber es kam, wie es kommen musste. Einige meiner Klassenkameraden kauften sich die ersten Schallplatten mit aktuellen Schlagern. Da wir zuhause einen Plattenspieler hatten, wuchs nun auch in mir der Drang, Schallplatten zu haben. Was heute bei elf- bis zwölfjährigen Kindern der Kaufzwang für modische Kleidung ist, begrenzte sich damals weitgehend auf Musik. Meine erste Schallplatte war die Single „Komm allein" der norwegischen Schlagersängerin Wencke Myhre. Heute, wo ich schon seit vierzig Jahren in Norwegen lebe und das hier schreibe, hat sie gerade ihren 75. Geburtstag gefeiert, ist hierzulande ihr Leben lang ein Kulturidol gewesen und weiterhin musikalisch aktiv. Daher weiß ich, dass sie auch damals nur neun Jahre älter als ich gewesen sein muss, also 20 Jahre jung. Sie hatte unheimlich große, schelmische Augen und einen niedlichen ausländischen Akzent.

Nach Wencke Myhres folgten weitere Schlager. Die großen Idole der sechziger Jahre jedoch, Elvis Presley mit seiner Schmalzlocke und die

Beatles, gingen vorerst spurlos an uns vorbei. Nach und nach hörten einige von uns die Beatles, aber da diese in relativ konservativen Kreisen, zu denen auch die meisten unserer Eltern und Lehrer gehörten, als neumodische Geschmacksabweichung galten, färbte das natürlich auch auf uns ab. Im Alter von rund elf bis zwölf Jahren übertragen sich solche Ansichten noch auf die Kinder. Heute räumen auch meine Eltern ein, dass die Beatles ein nostalgischer Wohlklang gegenüber vielem sind, was in neuerer Zeit produziert wird.

Vielleicht war es auch gar nicht so sehr die Musik, sondern eher die Frisuren. Was für die Beatles ein Markenzeichen war, nämlich lange Haare, wurde ja Mitte der sechziger Jahre bei Jugendlichen ein Symbol des Aufruhrs gegen die etablierte Gesellschaft, gegen die amerikanische Teilnahme am Vietnam-Krieg und für die um sich greifende Hippie-Bewegung, von der älteren Generation verächtlich als „Penner" bezeichnet. Protestierende wurden sprachlich mit Minderbemittelten und Obdachlosen gleichgestellt. Wuchsen die Haare bei uns Jungen mal ein wenig lang, hieß es gleich, man solle sich sein „Pennerkissen" abschneiden. Nach und nach führte das auch bei uns, die wir ja nun langsam selbstständig zu denken begannen, manchmal zu dem Gefühl, das hier eine gewisse Ungerechtigkeit herrschte. Das kulminierte dann auch in den besten Familien zu Episoden von Aufmüpfigkeit, wenn man auf heikle Themen zu sprechen kam.

*

In der Schule hatte ich wechselnde Freundschaften, die aber selten besonders intensiv wurden und mehr auf Gelegenheiten beruhten. In meiner Freizeit las ich gerne und schaute mir Landkarten an. Ich fing auch an, kurze Geschichten zu schreiben, aber verlor das Interesse, bevor sie fertig waren. Mir fehlten die eigenen Erfahrungen, die sie interessant gemacht hätten.

Mit elf Jahren bekam ich mein erstes Fahrrad, mit dem ich manchmal Ausflüge machte, manchmal mit Schulfreunden, manchmal auch allein. Ab und zu besuchte ich Tante Lotte, die in der Schöningstraße im Wedding wohnte. Es dauerte eine halbe bis dreiviertel Stunde mit dem Fahrrad dorthin. Tante Lotte hatte einen Schwarz-Weiß-Fernseher, mit dem wir zusammen Filme sahen. Die Wild-West-Serie „Bonanza" war damals neu und ich schaute mir die Episoden mit wachsender Begeisterung an. Tante Lotte gab mir dann öfter neue Briefmarken von ihrer Korrespondenz auf Arbeit. Durch mein Interesse für Landkarten konnte ich immer sofort einordnen, aus welchem Teil der Welt sie kamen.

Mein Vater hatte seit ein paar Jahren das Filmen mit einer Schmalfilmkamera als neues Hobby begonnen. Manchmal holte er meinen Bruder und mich sonntags bei schönem Wetter in aller Frühe aus dem Bett, um noch vor dem Frühstück hinaus an die Kuhlake im Spandauer Forst zu fahren. Das war ein kleines, malerisches, fließendes Gewässer, das sich durch den Wald und an Wiesen vorbei schlängelte und teilweise sumpfige Ufer hatte, die mit Schilf bewachsen waren. Abgestorbene Bäume standen unberührt, mit Moos bewachsen. Dort war zu dieser frühen Stunde kaum ein Mensch. Im Frühjahr hörte man die Frösche quaken und die Vögel singen. Mein Vater suchte sich zum Filmen Motive wie Insekten, die auf Halmen saßen und Ähnliches. Mein Bruder war erst drei oder vier Jahre alt und hatte vielleicht weniger Freude am Stillstehen und Gucken, aber für mich war es durchaus eine schöne Erfahrung, die morgendlich erwachende Natur zu erleben. Hungrig kamen wir nach ein paar Stunden nach Hause, wo meine Mutter das Frühstück vorbereitet hatte. Manchmal kam sie aber auch mit.

Zuhause hatten wir ein Aquarium, das ab und zu vergrößert wurde. Dort war eine hübsche Unterwasserlandschaft mit Steinholz und Wasserpflanzen eingerichtet, die vielen kleinen Fischarten Schutz bot. In jener Zeit, bevor wir Fernsehen hatten, saß mein Vater öfter nach der Arbeit zur Entspannung davor und beobachtete das friedliche Unterwasserleben, als ob es eine naturalistische Theatervorstellung war. Die Rollenbesetzung änderte sich durch die Jahre; ich kann mich an Schwertträger, Neonfische, Zebrabarben, Welse und andere erinnern.

Dann hatten wir eine Zeitlang zwei Streifenhörnchen. Erst hatte ich eins, das ich Mogli nannte, nach dem Urwald-Jungen in Rudyard Kiplings „Dschungelbuch". Es war etwas phlegmatisch und bewegte sich nicht sehr viel, lies sich dafür aber gerne streicheln. Um ihm Gesellschaft zu geben, schafften wir uns ein wenig später ein Zweites an. Es sollte meinem Bruder gehören, der es Putzi nannte. Es hätte aber besser Baghira heißen sollen, denn es erwies sich als ziemlich wild, ließ sich kaum anfassen und jagte mit Vorliebe seinen ruhigen Kameraden durch den Käfig. Der versuchte nun vergeblich in irgendwelchen versteckten Ecken der Käfiglandschaft seine Ruhe zu finden.

Beide hatten dann leider ein tragisches Ende. Mogli sah plötzlich krank aus und wir brachten es zu einem Tierarzt, der einen Beckenbruch feststellte und es einschläferte. Putzi war etwas später wohl zu lange bei Sonnenschein ohne genügend Schatten und Wasser im Käfig auf dem Balkon und lag plötzlich tot auf dem Boden. Wir nahmen an, dass es einen Hitzeschlag erlitten hatte, aber das war natürlich nicht sicher. Keiner von uns wollte danach noch irgendwelche Tiere in einem Käfig halten.

Die Tiere sah ich mir dann lieber im Zoo an. Dort waren andere für ihr Überleben verantwortlich. Ich konnte nämlich eine Zeitlang kostenlos in den Zoo.

Das hing folgendermaßen zusammen. Zu jener Zeit besuchte ich einmal die Tante meines Vaters, Tante Pauline, die in Berlin-Wilmersdorf wohnte. Ich weiß noch, dass wir beim ersten Mal zusammen einen italienischen Film im Fernseher sahen, der von einem kleinen Jungen handelte, dem das Leben arg mitspielte und der mich berührte. Das war ein gemütliches Beisammensein mit meiner Großtante und ich besuchte sie dann öfter. Sie hatte eine Aktie vom Berliner Zoologischen Garten und hatte daher Anrecht auf zwei freie Jahreskarten. Sie meinte, sie hätte niemand anderen, dem sie die zweite Karte geben konnte und gab sie deshalb mir.

Durch mein Lesen von Abenteuerromanen aus der weiten Welt bekam ich langsam Lust, in ferne Gefilde zu reisen und Expeditionen zu unternehmen. Da kam mir der Zoo gerade recht. West-Berlin hatte einen der artenreichsten Zoos Europas und bot mir die Tierwelt aller Kontinente. Ich fühlte mich in Steppen, Savannen und Urwälder versetzt. Ich sah dem schwarzen Panther in die Augen, in dem ich Baghira aus dem Dschungelbuch wiederzuerkennen meinte. Die großen Raubkatzen begeisterten mich am meisten. Aber auch die tatzigen Bären, die Elefanten, die Wölfe und (eigenartigerweise) das Okapi beeindruckten mich. Im Freiflughaus der Vögel bekam man richtig den Eindruck, im Urwald zu sein.

Gleich bei uns um die Ecke, im Volkspark Jungfernheide, gab es auch Tiere. Dort waren zwei große Waldgehege, eines für Damwild und eines für Wildschweine. Ab und zu, im Frühjahr oder Frühsommer, kamen Kitze und Frischlinge zur Welt. Die waren zwar nicht so exotisch wie die Tiere im Zoo, trugen aber auch dazu bei, dass ich in meiner Kindheit und frühen Jugend ziemlich oft Tiere sah und trotz meiner Großstadtjugend ein Verhältnis zu ihnen entwickelte.

*

Im Sommer 1968 fuhren wir zum Urlaub wieder einmal in die Südtiroler Alpen, in das gleiche Dorf, Toblach, wie fünf Jahre zuvor. Ich habe kaum Erinnerungen an diesen Urlaub, außer dass ich mir zum Mittag ständig Pasta asciutta bestellte und dass mein nun vierjähriger Bruder einmal auf einem alten Ackergaul saß und sich auf dem Bauernhof, auf dem wir wohnten, herumführen ließ.

Die beiden darauffolgenden Sommer ging es wieder nach Dänemark an die Ostsee. Nun mieteten wir kleine Sommerhäuser in Marielyst auf der Insel Falster, noch viel näher an der Fähre aus Warnemünde, als es mit der Insel Møn der Fall gewesen war. Sonst passierte nicht viel. Nicht einmal fuhren wir nach Kopenhagen, um mal eine fremde Stadt zu sehen. Es wäre ein Kinderspiel gewesen, einmal einen Tagesausflug dorthin zu machen. Meinen Eltern ging es in erster Linie darum, auszuruhen, in der Sonne zu liegen und ab und zu in das kalte Wasser zu gehen, das, wenn es hoch kam, mal 18 Grad erreichte. Manchmal bauten wir kleine Sandburgen oder Laufbahnen für Boccia-Kugeln. Mein Bruder hatte eine Vorliebe dafür, Quallen mit seiner Buddelharke aufzufischen und in seinem Eimer zu sammeln. Allerdings lernten sowohl mein Vater als auch ich aus eigenem Antrieb im Meer Schwimmen.

*

Nachdem ich die Hauptstädte aller Länder der Welt auswendig gelernt hatte (aber nicht einmal Kopenhagen, geschweige denn andere, gesehen hatte) und die meisten Tiere der Welt im Berliner Zoo angeschaut hatte, ging mein Interesse von der Erde auf den Weltraum über. Nicht etwa, dass ich das Interesse an der Erde und an fernen Abenteuern verloren hatte! Nein, ich zeichnete sogar Landkarten. Nachdem wir in der Schule als Hausaufgabe einmal mit dem Diercke Weltatlas als Vorlage Landkarten von einigen Ländern zeichnen sollten, fand ich Interesse daran. An ruhigen Wochenenden suchte ich mir eine spannende Insel aus, von der ich gehört hatte – zum Beispiel Komodo in Indonesien. Diese Insel war wegen der größten Echsen der Welt, der Komodo-Warane, so exotisch. Von denen gab es nämlich keine im Zoo. Ein anderes Mal war es die Oster-Insel, wegen der riesigen Stein-Statuen, von deren Erbauern man so wenig wusste und die mir daher abenteuerlich erschien. Der Vorteil von Inseln war, dass sie eine natürliche Abgrenzung hatten. Ich zeichnete die Umrisse der Inseln aus dem Atlas vergrößert nach und trug alles ein, was ich aus Schulbüchern, unserem Lexikon und anderen Büchern über ferne Länder zusammentragen konnte. Wenn eine solche Karte fertig war, erfüllte es mich mit Genugtuung. Gut, dass ich damals noch nichts vom Internet wusste, dessen Anfänge ja noch 25 Jahre in der Zukunft lagen. Sonst wären die Karten nie fertig geworden. So hielt sich die bei uns zuhause erhältliche Datenmenge in Grenzen.

Aber zurück zum Weltraum. Am 25. Mai 1961 hatte John F. Kennedy seine berühmte Rede gehalten, in der er ankündigte, noch vor dem Ende des Jahrzehnts einen Mann zum Mond und sicher zurück zur Erde bringen zu wollen. Nun wurde es höchste Zeit. Natürlich hatte man zwischendurch nicht geschlafen. Mit den Mercury- und Gemini-Programmen hatte man die Techniken getestet und weiterentwickelt, die man brauchte, um Menschen im All am Leben zu erhalten, Raumschiffe zu steuern, aus den Raumkapseln auszusteigen und Reparaturen durchzuführen, sicher wieder in die Atmosphäre einzutauchen und zu landen. Die Russen führten ähnliche Programme durch, von denen wir aber weitaus weniger hörten. Wenn etwas gelungen war, hörten wir es von den Russen selbst. Wenn es misslungen war, von den Amerikanern. Wie wir heute wissen, hörten wir von vielem gar nichts.

Nun lief das amerikanische Apollo-Programm auf Hochtouren, das direkt auf die Mondlandung abzielte. Es war während der Apollo-8-Mission im Dezember 1968, dass mein Interesse an der Raumfahrt aufkam. Es war der erste Flug, der mit einer Saturn V gestartet wurde, jener 110 Meter hohen Monster-Rakete, die eigens für Flüge zum Mond entwickelt worden war und die genug Treibstoff enthielt, um die erforderliche Nutzlast nicht nur in die Erdumlaufbahn, sondern dann aus dieser hinaus ins Weltall zu senden. Es war eine fantastische technische Errungenschaft. Und es funktionierte. Zum ersten Mal sahen Menschen mit eigenen Augen die Rückseite des Mondes. Apollo 8 umrundete zehnmal den Mond und kehrte dann zur Erde zurück.

Im Jahr darauf ging es Schlag auf Schlag. Zwei weitere Missionen im März und Mai testeten verschiedene Systeme erst in der Erdumlaufbahn, dann bei einem nicht vollendeten Landeanflug in der Mondumlaufbahn. Und im Juli dann stand die erste Mondlandung auf dem Programm. Neil Armstrongs Slogan ging um die Welt, als er den ersten Schritt im Mondstaub tat: „It's a small step for a man, but a giant leap for mankind!" Noch immer hatten wir keinen eigenen Fernseher und ich musste hinterher die Zusammenfassung bei Tante Lotte sehen.

*

Eine Zeitlang war ich mit einem Klassenkameraden aus der Schule am Heckerdamm enger befreundet, der Stefan hieß. Wir beschäftigten uns mit diesem und jenem, entweder bei mir oder bei ihm zuhause. Leider zog er mit seinen Eltern nach West-Deutschland um, und zwar nach Wennigsen am Deister, nicht weit von Hannover. Wir hielten danach noch eine Weile lang den Kontakt durch Briefeschreiben. Nach einiger Zeit besuchte ich ihn einmal dort mit der Eisenbahn. Das war meine erste Reise allein außerhalb Berlins. Der Deister ist ein bewaldetes Hügelland mit zwei- bis dreihundert Meter hohen Erhebungen. Ab und zu treten kleine felsige Abhänge und Bacheinschnitte auf, in denen Sand-, Schluff- und Tonsteine zutage treten. Hier wurde ich zum ersten Mal darauf aufmerksam und begann mich zu fragen, wie der Grund unter unseren Füßen eigentlich aussah, wie er zustande kam und warum es Tiefländer und Gebirge gab. Ich weiß noch genau, wie ich mich einmal auf einen Baumstumpf setzte und mir ein paar aufgesammelte Steine anschaute, ganz gewöhnliche, plattige, graue und rötliche Sand- und Tonsteine. Ich wusste, dass es die Geologie war, die sich mit diesen Dingen beschäftigte und ich fragte mich zu ersten Mal, ob ich vielleicht Geologe werde sollte. Ich nahm mir vor, diese Möglichkeit genauer zu untersuchen.

*

Ab und zu besuchten wir an den Wochenenden Opi und Tante Grete in Niederschönhausen. Da es immer die beschwerlichen Grenzkontrollen mit sich führte, war es nicht so oft, wie man es sich hätte wünschen können. Opi und Tante Grete wohnten vorerst weiterhin in der Rolandstraße, wo auch ich mein erstes Lebensjahr verbracht hatte. Manchmal kam auch die Familie von Tante Gretes Sohn aus erster Ehe, der auch Winfried hieß. Oft kamen nur dessen Frau Elke und deren Kinder Heike und Ulf, die einige Jahre jünger als ich und näher an Wolfgangs Alter waren. Winfried kam etwas später nach oder auch gar nicht. Ich habe nicht viele Erinnerungen daran – zum einen, weil ich sie nur selten traf, und zum anderen, weil wir nach der Wiedervereinigung Deutschlands aus unverständlichen Gründen den Kontakt zu ihnen verloren.

Opi hatte ein Klavier im Schlafzimmer zu stehen (im Wohnzimmer war kein Platz). Er hatte ja in seiner Jugend sowohl Klavier spielen als auch singen gelernt und sang uns ab und zu ein Stück alten deutschen Volksguts vor. Ich klimperte auch ein wenig auf dem Klavier herum, aber seine Versuche, mich zum Lernen zu bewegen, schlugen nicht richtig an. Es kam keine Begeisterung auf und meine Eltern machten auch keine Versuche, mich dazu zu bringen. Hätten sie bei mir Interesse gespürt, hätte ich sicherlich Unterricht bekommen können. Aber sie wollten wohl keinen Druck ausüben. Man hörte so oft, dass Leute klagten, sie wären in ihrer Jugend mehr oder weniger zu dem einen oder anderen gezwungen worden.

Oma war nach Opas Tod in eine kleine Parterre-Wohnung in der Dietzgenstraße, unweit der alten Wohnung in der Eichenstraße gezogen. Sie lag nur etwa zwanzig Minuten Fußweg von der Rolandstraße entfernt. Ich kann mich kaum erinnern, ob wir bei unseren Besuchen in Ost-Berlin auch zu ihr gingen, ob sie in die Rolandstraße kam, oder ob wir Opi und Oma getrennte Besuche abstatteten.

Allerdings kann ich mich gut an Omas Besuche bei uns im Westen erinnern. Rentner durften ja einmal im Jahr in den Westen und das nutzte sie auch aus, blieb sogar manchmal die vier erlaubten Wochen. Ich mochte sie gern und versuchte ihr alles Mögliche zu zeigen und zu erklären, das mich interessierte, ob es Erdkunde oder Raumfahrt war. Sie hörte geduldig zu, aber gab manchmal auf beschwichtigende Art zu, dass sie nicht so viel davon verstünde. Sie verwechselte immer unsere Namen, und zwar immer um eine Stufe versetzt – mein Vater war Kurt, ich war Horst, mein Bruder war Winfried. Es war vielleicht schon der Anfang ihrer langsam beginnenden Altersdemenz.

Einmal stand sie am Fenster unseres Wohnzimmers und sah auf den Kurt-Schumacher-Damm hinunter, auf dem ein stetiger, tagsüber nicht nachlassender Strom von Autos in beide Richtungen fuhr. „Gottchen, wo fahren die den alle hin? Was ist denn da los? Und auf der anderen Seite fahren sie alle wieder zurück! Das soll nun jemand verstehen!"

Es war schon verständlich, dass sie darauf reagierte, denn in Ost-Berlin fuhren ja Autos eher einzeln durch die Straßen. Im Osten musste man etliche Jahre auf ein bestelltes Auto warten, was natürlich an der sozialistischen Planwirtschaft und der fehlenden ausländischen Wirtschaftshilfe der Nachkriegszeit lag. Statt Wirtschaftshilfe zu bekommen, wie sie der Westen aus Amerika bekam, musste die DDR noch lange Zeit Kriegsreparationen an die Sowjetunion zahlen.

Die Ost-Berliner machten, wie über alles, auch über die langen Wartezeiten auf Autos ihre Witze: „Warum jibt's bei uns so wenich Banküberfälle? – Weil man fuffzehn Jahre uff'n Fluchtauto warten muss."

*

Die Mauer war ein Teil des täglichen Lebens geworden. Wir, die wir nicht in ihrer unmittelbaren Nähe wohnten, sahen sie nur selten. Aber sie war in unseren Köpfen zugegen, in unserem Handeln und Denken. Sie war verfeinert worden, stabilisiert, vielerorts mit breiten Schutzstreifen und einer Hinterlandmauer versehen. Sie sollte den Kapitalismus aus- und die Bewohner einsperren. Man wollte die Menschen zum Sozialismus zwingen, denn wenn man sie nicht überwachte, waren sie den Versuchungen der westlichen Konsumgesellschaft unterlegen. Dem Gedankengang derjenigen zufolge, die dieses Gesellschaftssystem aufrecht erhalten wollten, musste man ständig gegen diese Versuchungen ankämpfen, Informationen kontrollieren, freie Gedanken ausschalten. Diejenigen, die ganz oben im System standen, glaubten wohl kaum auf Dauer an die ideologischen Grundsätze des Sozialismus. Sie sahen ihn als eine Möglichkeit, sich und ihre Clique an der Macht zu halten und sich auf Kosten des Volkes zu bereichern. Der Wunsch nach Macht und Reichtum ist ja überall auf der Welt vorhanden, aber selten so gut getarnt wie in kommunistischen Partei-diktaturen. Später lernte man dann auch, dass die Probleme unserer Welt wie Naturschutz und Umweltverschmutzung, mit denen man im Sozialismus einfacher etwas hätte tun können, dort viel schlimmer waren. Kritik am Staat und an den Behörden war verboten und daher wurde auch nichts besser.

Um das zu bewerkstelligen, hatte das Ministerium für Staatssicher-heit (MfS, kurz „Stasi" genannt) ein umfassendes Netz von heimlichen Informanten aufgebaut, den sogenannten IM („Inoffizielle Mitarbei-ter"), also Leute, die den heimlichen Auftrag hatten, ihre Mitarbeiter, Mitbewohner oder anderweitig in Bezug stehenden Landsleute zu bespitzeln. Ein enormer Aufwand wurde betrieben, um Verdächtige zu beobachten und darüber fortlaufend Akten anzulegen, über Leute, von denen die meisten sich vielleicht nur mal kritisch äußerten, aber niemals irgendwelche unerwünschten Taten vollbringen würden. Zu Spitzenzeiten in den siebziger Jahren standen bis zu über einem Pro-zent aller Einwohner der DDR im heimlichen Staatsdienst. Während der vierzig Jahre, die die DDR existierte, wurden nach heute bekann-ten Daten 111 km von Überwachungsakten erstellt, die die Stasi ar-chivierte!

Dabei sollten doch im Sozialismus alle Menschen gleich sein, von der kapitalistischen Ausbeutung befreit! Jedoch, wie George Orwell es in seiner Novelle „Animal Farm" bezeichnenderweise ausdrückte: „Alle sind gleich. Aber die Schweine sind gleicher." Und das schrieb er schon, bevor es die DDR gab und das sozialistische System vorerst nur aus der Sowjetunion bekannt war. Es war wohl kaum ein Zufall, dass er die Parteiführung seiner Tierfarm, nachdem der Bauer ent-machtet worden war, den Schweinen zugeordnet hatte, die für ihr Grunzen und Schnüffeln bekannt sind.

Weniger schwere Vergehen wie kritische Einstellungen und Äu-ßerungen wurden mit beruflichen Einschränkungen, Karrieremord, Schwierigkeiten mit Behörden, Ausschluss der Kinder von höherer Bildung und ähnlichen Maßnahmen bestraft. Manchen Eltern wurden sogar die Kinder weggenommen und in Heimen untergebracht, in de-nen die erwünschte „Erziehung zum Sozialismus" gewährleistet war. Die Gefängnisse waren voll von politischen Gefangenen, die für „ver-suchte Republikflucht", „zersetzende politische Tätigkeiten", „feindliche Kontakte zum Ausland" und dergleichen einsaßen.

Nach anfänglich zögernden Versuchen wurden immer mehr politische Gefangene von der Bundesrepublik Deutschland frei gekauft, die dann in den Westen abgeschoben wurden. Zwischen 1963 bis 1989 betraf das nach heutigen offiziellen Statistiken 33 755 Menschen. Wir wussten damals davon nicht viel, oder nur von wenigen Fällen. Denn objektiv gesehen war das ja Menschenhandel und weder dem Westen noch dem Osten lag etwas an Publizität darüber. Der durchschnittliche Preis lag nach anfänglichen Billig-Angeboten bei etwa 100 000 D-Mark pro Person. Die DDR benötigte Devisen und ihre Gesetze und ihr Informanten-System sorgten für unaufhaltsamen Nachschub.

*

Aber auch im Westen spielten sich manche Dinge ab. Von denen bekamen wir natürlich viel mehr mit, obwohl ich mit meinen elf bis zwölf Jahren noch in einem Alter war, wo mich das alles nicht so sehr berührte. Die Studentenbewegung der sechziger Jahre, die sich besonders 1967 und 1968 bemerkbar machte und die manchmal in gewalttätigen Demonstrationen und Konfrontationen mit der Polizei ausuferte, war für mich vorläufig nur etwas, das die Schlagzeilen in den Zeitungen und die Nachrichten im Radio beherrschte, aber mit meinem Leben nichts zu tun hatte.

Meine Mutter erzählte später jedoch, dass sie ein wenig Angst um mich hatte. Die Schillerschule lag am Ernst-Reuter-Platz genau neben der Technischen Universität und nur eine kurze Gehstrecke vom Zentrum West-Berlins um den Bahnhof Zoo und die Kaiser-Wilhelm-Gedächtniskirche entfernt. Einmal, wie ich mich erinnern kann, bekamen wir von einem unserer Lehrer die unbedingte Aufforderung, nach der Schule sofort nach Hause zu fahren und uns nicht unnötig in der Universitätsgegend oder dem Stadtzentrum aufzuhalten, wo man befürchtete, es könnte zu gewalttätigen Auseinandersetzungen kommen.

Wir bekamen kaum vermittelt, worum es eigentlich ging. Wahrscheinlich sah man uns als zu jung dafür an. In der Schule wurde das Thema nicht berührt und der Lehrplan durchgezogen. Zuhause wurden die Demonstranten als Chaoten dargestellt, denen es nur darum ging, Aufruhr zu machen. Fragen, wenn sie aufkamen, wurden oberflächlich oder gar nicht beantwortet. Wahrscheinlich wussten die meisten von denen, die wir fragen konnten, auch selbst nicht Bescheid und hatten sich nie mit den Ursachen des Aufruhrs systematisch auseinandergesetzt.

Es war ja auch nicht so einfach. Es waren im Laufe der Zeit viele Dinge zusammen gekommen, gegen welche Proteste im Grunde sicherlich mehr oder weniger berechtigt waren. Es ging um die Demokratisierung der Gesellschaft im antikapitalistischen Sinn, die aber nicht viel mit der Realität in den sogenannten sozialistischen Ländern gemeinsam hatte und eher eine Art neuer Versuch war, den man heute Neomarxismus nennt. Es ging auch gegen die amerikanische Weiterführung des Vietnam-Krieges, der vollkommen völkerrechtswidrige Ausmaße angenommen hatte, und gegen Atomwaffen. Es ging um eine endgültige Abrechnung mit der nazistischen Vergangenheit vieler noch im öffentlichen Dienst Befindlicher und um die Abschaffung von Notstandsgesetzten. Man war gegen den dominierenden Einfluss des Axel-Springer-Verlags in der Presse und forderte seine Enteignung. Es ging um sexuelle Selbstbestimmung, um eine Hochschul- und Bildungsreform und um antiautoritäre Erziehung.

Die Protestbewegung war auch keinesfalls einheitlich und jeder oder jede hätte sicherlich eine andere Antwort darauf gegeben, warum gerade er oder sie dabei war. Man versuchte sich zu organisieren, aber daraus wurden viele verschiedene Bewegungen, die jede verschiedene Methoden des Protests und des Kampfes als gerechtfertigt ansahen, von Demos über zivilen Ungehorsam bis zu Gewalttaten.

1967 war mein Vater zum Schöffen in einer Gerichtsverhandlung gegen einen der Demonstrantenführer, Fritz Teufel, einberufen worden. Der war wegen eines Steinwurfs bei einer Demonstration während des Besuchs des Shahs Reza Pahlavi vom Iran festgenommen worden. Schon früher einmal hatte er festgestellt, nachdem er die Franfurter Ausschwitz-Prozesse gegen Nazis mitverfolgte, „dass die Richter und die Angeklagten verblüffend ähnlich waren und dass die unheimlich höflich und verständnisvoll miteinander umgegangen sind." (*Marco Carini: Fritz Teufel. Wenn's der Wahrheitsfindung dient, Konkret Literatur Verlag, Hamburg 2003, S. 18.*) Fritz Teufel fiel die ganze Zeit durch respektloses Verhalten gegenüber dem Gericht auf. Mein Vater erzählte: „*Einmal packte zu Beginn des Prozesses Teufel seine Frühstücksbrote aus. Der Richter fragte verwundert: 'Herr Teufel was machen Sie da?' Der Anwalt von Teufel antwortete in etwa: ‚Mein Mandant hat heute noch nicht gefrühstückt und kann sonst dem Prozess nicht folgen.'"*

Am 11. April 1968 wurde der Studentenführer Rudi Dutschke bei einem Attentat schwer verletzt und bekam bleibende Gehirnverletzungen, an denen er zehn Jahre später starb. Der Täter war durch eine Hetzkampagne der Springer-Presse zu der Tat animiert worden. In den darauffolgenden Ostertagen standen mehrere deutsche Innenstädte in Flammen.

Daraus entwickelte sich dann die radikale Bewegung der frühen siebziger Jahre, die Rote-Armee-Fraktion (RAF), die auch vor Bombenanschlägen und Entführungen nicht zurückschreckte. Dadurch war dann der Kampf für eine Demokratisierung der Gesellschaft in einen anarchistischen Kampf gegen die Gesellschaft an sich geworden, den nur die Radikalsten der ursprünglichen Protestbewegung weiterführten und damit der gesamten Bewegung einen ausgesprochen schlechten Dienst erwiesen.

*

In diese Zeit fiel auch der Prager Frühling. Die öffentliche Stimmung in unserem Nachbarland Tschechoslowakei forderte die dogmatische sowjetische Linie der kommunistischen Partei heraus und führte nach und nach zu einem Wechsel in deren Parteiführung, die nun einen reformierten, demokratischen Sozialismus und eine Liberalisierung aller Lebensbereiche proklamierte. Die Pressezensur wurde aufgehoben. Man erklärte das Ziel, die sowjetische Vormachtstellung im Warschauer Pakt solle durch eine Gleichberechtigung aller Mitgliedsstaaten ersetzt werden. Die westlichen Länder nahmen diese Entwicklung positiv auf und versuchten sie auf verschiedene Weise anzuspornen, was von der Sowjetunion als „Unterwanderung durch feindliche Mächte" gewertet wurde. Sie sah das Führungsmonopol der kommunistischen Partei gefährdet.

Am 21. August 1968 marschierten eine halbe Million sowjetischer, polnischer, ungarischer und bulgarischer Soldaten in Prag ein und „kamen dem tschechoslowakischen Brudervolk zu Hilfe, nachdem Persönlichkeiten der Partei und des Staates der Tschechoslowaki-

schen Sozialistischen Republik die Sowjetunion darum gebeten hatten".

Das Reformprogramm wurde vollkommen reversiert. Auf organi-
sierten Widerstand wurde verzichtet, dennoch kamen 71 Zivilisten
während des Einmarsches und danach bei einzelnen Auseinandersetzungen ums Leben. Um die 160 000 Tschechoslowaken flohen nach
Österreich oder waren dort gerade auf Urlaub und kehrten nicht zurück. Im darauffolgenden Winter verbrannten sich zwei Studenten
im Zentrum von Prag aus Protest gegen die Niederschlagung der Re-
formbewegung.

Abiturklasse an der Schillerschule, 1974

Erste Aufführung der "Sandflöhe", Schillerschule, 1974

6. Kapitel

STERNE, LIEDER UND FETEN

Die frühen siebziger Jahre

Im Frühjahr 1970 stand meine Einsegnung bevor. Meine Eltern waren nicht religiös, obwohl sie Mitglieder der evangelischen Kirche waren. Sie gingen der Tradition folgend einmal im Jahr zu Weihnachten in die Kirche. Tischgebete oder Ähnliches kannte ich nicht und es kam mir sonderlich vor, als ich später bei Freunden zu Tisch eingeladen war und sie dort die Mahlzeit segneten. Auf meine Frage meinte meine Mutter einmal, dass man schon an etwas Höheres glauben sollte, aber das sei eines jeden Menschen private Sache und musste nicht unbedingt nach außen hin sichtbar sein. Eine Menge Leute gäben sich fromm, aber verhielten sich dann absolut nicht christlichen Geboten entsprechend – und umgekehrt.

Aber am Kirchgang zu Weihnachten und an Taufe, Einsegnung und Trauung hielten sie fest. Ein paar Traditionen sollte man ruhig bewahren, meinten sie. Und obwohl ich mir überhaupt nicht über mein eigenes Verhältnis zur Religion im Klaren war, hatte ich nichts dagegen, mich einsegnen zu lassen – sozusagen sicherheitshalber, falls man später einmal die Unterstützung der Gemeinde brauchte. Mir kam das Ganze etwas verfrüht vor. Der Gedanke an die Erwachsenentaufe der Baptisten gefiel mir besser. Dann war man sich vielleicht schon über einiges im Klaren. Daran, dass man nur „in den Himmel" käme, wenn man getauft und eingesegnet war, glaubte ich glücklicherweise nie. Das durchblickte ich von Anfang an als eine Drohung der Kirche um Mitglieder zu ergattern.

Die zwei Monate Konfirmationsunterricht im Voraus gingen spielend vorbei. Es gab wenig Herausforderung. Wahrscheinlich wollte der Pfarrer nicht riskieren, dass einige seiner Schäfchen im anderen Fall abspringen würden. Das Einzige, das Aufmerksamkeit erforderte, war die Vorbereitung der Zeremonie. Wir Konfirmanden mussten wissen, wann wir wo stehen sollten, wie wir das Abendmahl in Empfang nehmen und was wir lesen und singen sollten. Es hielt sich also durchaus im Rahmen des Erträglichen.

Zuhause gab es dann ein kleines Fest im Kreise unserer wenigen Verwandten und es gab Geschenke. Letztere hatten sicherlich einen größeren unmittelbaren Einfluss auf mein Dasein als der christliche Hintergrund der Angelegenheit. Neben einer kleinen Goldmünze von Tante Lotte, die ich noch immer unangerührt besitze, bekam ich ein Tonbandgerät und eine Spiegelreflexkamera. Beides sollte mir viele Jahre lang Freude machen und mir bei der Entwicklung meiner Interessen helfen.

*

Mitte April stand die dritte Mondlandung im Rahmen des amerikanische Apollo-Programms bevor. Nachdem ich die erste, Apollo 11, eigentlich erst im Nachhinein und die zweite, Apollo 12, auch nur am Rande mitbekommen hatte, wollte ich diesmal alles genau mit verfolgen. Da wir immer noch keinen Fernseher hatten, hörte ich die meisten der diesbezüglichen Radiosendungen. Am RIAS Berlin war täglich ein bekannter Kommentator, Harro Zimmer, zu hören, der alle Details erklärte. Diese Sendungen, soweit sie nachmittags oder abends liefen, nahm ich mit meinem neuen Tonbandgerät auf und schnitt sie später zusammen, so dass ich dann eine lückenlose Dokumentation hatte.

Apollo 13 war die einzige geplante Mondlandung des Apollo-Programms, die nicht gelingen sollte. Nach der Explosion eines Sauerstofftanks im Service-Modul, die die Folge einer Reihe von kleineren Versäumnissen war, gelang den drei Astronauten jedoch durch eine Reihe von technischen Improvisationen die Rückkehr zur Erde.

Harro Zimmer war gebürtiger Berliner, aber hatte eine Ausbildung in Planeten- und Umweltwissenschaften in den USA hinter sich. Er saß im Vorstand der Wilhelm-Foerster-Sternwarte in Berlin. Später wurde er freiberuflicher Journalist und Verfasser. Er hatte eine fesselnde Art, komplizierte Dinge zu vermitteln. Das trug sicherlich dazu bei, dass sich mein Interesse an der Raumfahrt weiter entwickelte und sich dann nach und nach auf die Astronomie verlagerte.

In der Folgezeit wurde ich Jugendmitglied des Vereins der Wilhelm-Foerster-Sternwarte, wo ich einen Grundkurs in Astronomie belegte und dann auch das kleinere der beiden Teleskope bedienen durfte. Im Zeiss-Planetarium der Sternwarte war ich bei vielen Abendveranstaltungen. Der enorme Zeiss-Planetariums-Projektor mit seinen Projektionskugeln für den Nord- und Südhimmel und allen seinen Möglichkeiten, die Bewegungen am Sternenhimmel nachzuvollziehen, beeindruckte mich stark. Obwohl die Sternwarte im Süden Berlins, an der Grenze zwischen Schöneberg, Steglitz und Tempelhof lag und der Weg mit U-Bahn und Bus recht zeitraubend war, war ich nicht selten dort. An der Sternwarte verfolgte ich einmal einen Durchgang des Planeten Merkur vor der Sonnenscheibe.

Nebenbei las ich ein paar Bücher über Astronomie. Mein Vater hatte auch ein kleines Hobby-Teleskop von einem Meter Brennweite, mit dem ich bei uns auf dem Balkon den Sternenhimmel betrachtete. Allerdings war damit nicht viel mehr zu sehen als einige Details auf dem Mond, der Ring des Saturn, ab und zu ein paar Jupiter-Monde und die Sonnenflecken.

Opi verfolgte die Entwicklung meiner Interessen und brachte mir immer Bücher aus dem Osten mit, damit ich auch lesen sollte, welche Fortschritte die sowjetischen Wissenschaftler und Raumfahrer machten. Ich blätterte natürlich auch darin. Allen diesen Büchern war gemeinsam, dass sie wenige und schlechte Fotografien und Abbildungen hatten, stattdessen viel Text gespickt mit Lobworten auf die erfolgreichen Beschlüsse der Parteitage und die sozialistischen Errungenschaften, aber kaum technische Details und nur sehr vage Worte über Zukunftspläne (damit man später verschweigen konnte, wenn etwas nicht gelungen war).

An der Schillerschule wurde ab der neunten Klasse die Einteilung der Schüler in einen sprachlichen und einen naturwissenschaftlichen Zweig vorgenommen. Zwar hatte ich auch für Sprachen Interesse, aber der damit verbundene und damals noch obligatorische Latein-Unterricht sagte mir nicht zu. Ich meinte, man könnte seine Zeit besser verwenden, indem man Sprachen lernte, die man auch sinnvoll anwenden konnte. Mein naturwissenschaftliches Interesse überwog. Wir bekamen dann Physik-Unterricht, der mir recht leicht fiel, und ein Jahr später Chemie-Unterricht, den ich schon als etwas schwieriger empfand.

Ich erinnere mich daran, dass ich mich einmal selbst testete, indem ich Umlaufdaten der Erde nachschlug, die man aus astronomischen Observationen erhalten konnte, und daraus die Masse der Erde berechnete. Hinterher schlug ich auch diese nach und stellte fest, dass ich sehr nahe am richtigen Wert lag.

Aber auch die etwas mehr konspiratorische Richtung zog mich in ihren Bann. Als ich das erste Buch Erich von Dänikens „Erinnerungen an die Zukunft" (1968) und später das Nachfolgewerk „Zurück zu den Sternen" (1969) in die Hände bekam, öffnete sich eine andere Welt für mich. Däniken sammelte in seinen Büchern alles, was darauf schließen lassen konnte, dass die Erde von Außerirdischen besucht wird und in der Vergangenheit besucht wurde. Das war alles von neueren Ufo-Beobachtungen über angebliche Entführungen durch Außerirdische bis zu geschichtlichen Zeugen in Felszeichnungen und in alten Epen. Natürlich waren der Roswell-Zwischenfall dabei, die Steinreliefs der Inkas, in denen die Könige in Raumschiff-ähnlichen Gefährten saßen, die Nazca-Linien in Peru und der biblische Bericht des Propheten Hesekiel.

Letzteren konnte ich einfach nachlesen, da wir zu Hause eine Bibel mit dem Alten Testament hatten. Hesekiel, der im 6. Jahrhundert vor unserer Zeitrechnung gelebt haben soll, beschrieb seine Begegnung mit den Gesandten Gottes auf eine Art, in die man mit unserem heutigen Wissen ohne Weiteres die Beschreibung der Landung eines Raumfahrzeugs hineindeuten kann. Die Engel wurden wie Astronauten in Raumanzügen beschrieben. Hesekiel wurde auch auf einen Flug eingeladen und beschrieb die Aussicht auf die Erde von oben. „Die Götter waren Astronauten" (2001) heißt eins von Dänikens späteren Büchern, das ich aber nicht gelesen habe.

Ich bin kein Anhänger des Glaubens an moderne Ufo-Begegnungen und auch nicht vom Roswell-Zwischenfall oder ähnlichen Konspirationen, die behaupten, die Militärs und Regierungen enthielten der Bevölkerung vor, dass sie gestrandete Außerirdische in ihren geheimen Stützpunkten gefangen hielten. Aber Berichte wie der von Hesekiel, die geschrieben wurden, lange bevor man vom Weltall auch nur die geringste Ahnung hatte, machen mich immer noch nachdenklich. Und die meisten modernen Menschen bezweifeln ja auch nicht mehr, dass es intelligentes Leben andernorts im All geben kann. Die Tatsache, dass wir uns heute nicht vorstellen können, wie man die enormen Entfernungen überwinden kann, bedeutet eigentlich gar nichts. Vor 150 Jahren konnten wir uns auch nicht vorstellen, jemals durch die Luft fliegen zu können, was heute alltäglich ist.

Im Jahr 1970 schafften wir uns endlich auch einen eigenen Fernseher an. Ich brauchte nun nicht mehr zu Tante Lotte zu fahren, wenn ich einen Film sehen wollte. Kurze Zeit später ging sie dann auch in Rente und zog aus Berlin fort. Sie suchte sich einen Kurstift in Bad Brückenau in der Rhön (Unterfranken) aus, wo sie vollkommen allein wirtschaften konnte, aber wo bereits alle Dienste in unmittelbarer Nähe waren, die sie im Alter einmal benötigen würde.

*

Ich kann mich kaum noch richtig erinnern, wie wir anfänglich in der Schule die tragische deutsche Geschichte des „Dritten Reichs" mit den Judenverfolgungen und dem Zweiten Weltkrieg präsentiert bekamen. In groben Zügen hörten wir recht früh davon. Einmal, wahrscheinlich Ende der sechziger Jahre, bekamen wir auch einen ungeschminkten Dokumentarfilm vorgeführt, an den ich mich noch erinnere, weil er grausame Szenen enthielt, auf die die Lehrerin uns besonders vorbereitete. Es wurden Massenerschießungen von nackten, abgemagerten Menschen in Konzentrationslagern gezeigt, die dann gleich in die von ihnen selbst gegrabenen Massengräber fielen. SS-Leute durchsuchten die Haufen von Leichen und brachen ihnen die Goldzähne heraus. Das war absolut keine Geschichte, auf die man stolz sein konnte. Wir lernten auch, dass man all das nicht verdrängen oder vergessen durfte, damit so etwas nie wieder passieren konnte. Auch die sozialen Umstände, die dazu führten, dass ein Despot wie Adolf Hitler die Macht ergreifen konnte, versuchte man uns zu vermitteln, damit man eventuelle Anzeichen in Zukunft leichter erkennen konnte.

Später, wahrscheinlich im oberen Teil der Mittelstufe, hatten wir dann einen miserablen Geschichtslehrer, der uns nur Jahreszahlen von Königen und Geschehnissen auswendig lernen ließ. Er war vollkommen uninteressiert daran, uns geschichtliche Zusammenhänge zu vermitteln. Ab und zu ging er während des Unterrichts aus dem Klassenraum und roch nach Schnaps, als er zurück kam. In der Oberstufe hatten wir dann keinen Geschichtsunterricht mehr. Jenen Lehrer sahen wir auch nie wieder an der Schule. Ich ging dann von der Schule mit sehr schlechten Geschichtskenntnissen ab und begann erst viel später für mich selbst, das Versäumte nachzuholen.

Die Bewältigung der neueren deutschen Geschichte war etwas, dass das ganze Land nicht nur in der Nachkriegszeit, sondern noch lange danach prägte. Wir hatten, wie es schien, eine ewigwährende Identitätskrise. Obwohl meine Generation nach dem Krieg geboren wurde, waren wir trotzdem davon befallen. Nationalgefühl wurde unterdrückt. Man benutzte keine deutschen Fahnen, wo immer man es umgehen konnte. Leuten, die zu sagen wagten, jetzt sei es genug und man sollte wieder alles normalisieren, wurden oft nazistische Tendenzen nachgesagt.

Wie wir wissen, gab es ja wirklich eine Menge Leute, die im „Dritten Reich" Nazis waren, nie zur Rechenschaft gezogen wurden und nun trotzdem wieder gesellschaftliche Stellungen bezogen. Die Mehrzahl derjenigen waren sicherlich Opportunisten, die sich an alle Gesellschaftssysteme anpassten und der jeweiligen Obrigkeit schmeichelten, um daraus Profit zu schlagen. Genauso war es dann später auch nach der Auflösung der Sowjetunion – viele der dogmatischsten Kommunisten waren plötzlich die hemmungslosesten Kapitalisten.

In der DDR wurde versucht, dieselbe Vergangenheit zu bewältigen, indem man das Feindbild zwischen Ost und West ausnutzte und dadurch verschärfte. Man meinte, die Gründung der Deutschen Demokratischen Republik sei der Schlussstrich gewesen und es sei die Bundesrepublik Deutschland, die Kapitalismus und Faschismus fortführte und damit die Vergangenheit nicht bewältigt hätte. Das war eine willkommene Möglichkeit der Argumentation, denn dieses Feindbild brauchte man im Osten, um den Westen weniger attraktiv erscheinen zu lassen. Dass ehemalige Nazis sich in der DDR nun auch als gute Kommunisten aufspielten, wurde heimlich unter den Tisch gefegt.

All das führte dazu, dass man sich fast schämte, Deutscher zu sein. Die Jugend in meinem Alter sagte sich natürlich, sie könne überhaupt nichts dafür, und sah es als ziemlich ungerecht an, dort mit hineingezogen zu werden.

*

Partys und Feste waren für Erwachsene. Sobald es um Dinge ging, die wir Schüler veranstalteten, egal ob in der Schule oder bei einem von uns zuhause, waren das Feten (von frz. une fête = ein Fest). Wir müssen wohl so um 1969 damit angefangen haben, also als wir etwa 13 waren. Zuerst wurden solche Feten ein paar Mal von einem unserer Lehrer organisiert, damit wir uns an soziales Zusammensein von Jungs und Mädchen bei gedämpftem Licht und Musik gewöhnten. Wir konnten unsere eigenen Schallplatten von zuhause mitbringen.

Beim ersten Mal ging es noch ziemlich steif vor sich. Das gab sich aber schnell und wir tanzten – oder vielmehr hüpften – bald zu Schlagern und später zu Disco-Musik. In Abständen wurden langsame Stücke aufgesetzt und wir tanzten eng, zunächst vorsichtig, später dann etwas gewagter. Auf diese Weise verlor man die Scheu vor dem anderen Geschlecht. Und das setzten wir auch fort, als wir später unsere eigenen Feten zuhause machten. Die Feten zuhause hatten den Vorteil, dass niemand kontrollierte, ob wir heimlich alkoholische Getränke mitbrachten. Damit ging es auch nur recht langsam los. Trotzdem gab es immer welche unter uns, die irgendwo etwas Alkoholisches ergattert hatten und zu den Feten mitbrachten. Ich kann mich aber kaum daran erinnern, dass es ernsthafte Probleme mit Betrunkenen gab.

Gleichzeitig gab es einige, mich eingeschlossen, die einen oder mehrere Kurse an einer Tanzschule belegten. Dort lernten wir zwar Tänze, die in unserem wirklichen Leben nicht anwendbar waren, aber es trug dazu bei, sich im Beisein unbekannter Mädchen sicherer zu fühlen.

Viel, viel später, als ich schon über 60 war und an der Universität in Tromsø (Norwegen) arbeitete, war ich einmal Disc Jockey auf einem Institutsfest, das unter dem Thema „Siebziger Jahre" lief. Da ich in den Siebzigern groß geworden war, hatte ich gute Voraussetzungen für die Zusammenstellung der Musik. Auf kaum einem Fest in diesen fortgeschrittenen Jahren wurde so viel und enthusiastisch getanzt, auch nicht von jüngeren Leuten, die mit viel später entstandener Musik aufgewachsen waren. Worauf ich jedoch hinaus will, ist das Tanzen. Als ich am späteren Abend langsame Rhythmen auflegte, wurde es ziemlich leer auf der Tanzfläche. Als ich mit den wenigen jüngeren Frauen, die noch dabei waren, tanzte, fand ich schnell heraus, dass sie das enge Tanzen auf solchen Festen nicht gewöhnt waren. In ihrer Jugend hatte es nur Disco gegeben, eventuell Swing oder Ähnliches, wobei man einander kaum berührte. Ich war wieder einmal dankbar, die siebziger Jahre erlebt zu haben.

Im März 1971, Ende der 9. Klasse, unternahmen wir eine Klassenfahrt nach Lorch am Rhein. Da waren wir 15 Jahre alt. Wir wohnten in einer Jugendherberge etwa einen Kilometer vom Ortszentrum entfernt am Ufer der Wisper. Das war ein dreistöckiges, weißes, rundes Gebäude, in dem nur wir untergebracht waren. Von dort aus besuchten wir einige der vielen Burgruinen am Mittelrhein, machten eine Dampferfahrt auf dem Fluss und besuchten die Altstadt von Rüdesheim mit ihren schmalen Gassen.

Einer der Höhepunkte war eine Weinprobe in einem der zahlreichen Weingute, soweit ich mich erinnere, beim Ort Bacharach. Die feuchte Atmosphäre in den dunklen Steingewölben und der Geruch der hölzernen Weinfässer beeindruckte mich mehr als das Trinken des Weins an sich. Als Jugendliche bekamen wir auch nur minimale Mengen zum Kosten. Seitdem verbinde ich das Weintrinken immer mit uralter Kultur, modrigen Steingewölben und mit der aromatischen Ausdünstung der Weinfässer.

Im Sommer des gleichen Jahres fuhren meine Eltern mit uns beiden Jungs wieder einmal auf Urlaub in die Berge, und zwar diesmal nach Obergurgl in den Ötztaler Alpen in Österreich. Ich hatte inzwischen etwas Interesse für Geologie bekommen und freute mich darauf, einmal richtige Felsen zu sehen, die wir ja im sandigen Flachland von Berlin nicht hatten.

Mein Vater hatte mir einen Hammer besorgt, von dem bei einem der ersten Schläge bereits die Spitze abbrach. Das Problem war, dass es ein Zimmermannshammer aus gehärtetem Stahl war, der zum Abschlagen von Gesteinsproben nicht geeignet war. Geologenhämmer dürfen nicht gehärtet sein, um zu vermeiden, dass sich Metallsplitter lösen, die schnell auch ins Auge fliegen können. Es ist schon bei weichen Hämmern schlimm genug. Bei harten Gesteinen können auch Gesteinssplitter fliegen und man sollte eine Brille tragen, die ich aber glücklicherweise seit etwa zwei Jahre sowieso schon trug.

Eine andere Episode, an die ich mich aus diesem Urlaub erinnern kann, ist die mit den Regenschirmen. Auf dem Rückweg einer unserer kleineren Wanderungen kamen dunkle Wolken auf, die nach Regen aussahen. Wir waren nicht so weit von unserer Unterkunft und ich begann vorauszueilen. Als es leicht zu regnen anfing, war ich den anderen schon ein gutes Stück voraus und beschloss weiterzulaufen. Das Problem war nur, dass ich alle unsere Regenschirme in meinem Rucksack hatte. Ich gelangte zwar, ohne einen der Schirme öffnen zu müssen, bei leichtem Nieselregen in unsere Unterkunft, aber der Rest meiner Familie kam nach einiger Zeit triefend nass im Gasthof an und ich bekam eine Standpauke.

Die beiden darauffolgende Sommer fuhren wir wieder an den Ostseestrand bei Marielyst in Dänemark. Das Passieren der West-Berliner Grenze und der Außengrenze der DDR liefen nun viel reibungsloser ab.

*

Die frühen siebziger Jahre standen im Zeichen der allgemeinen Entspannungspolitik zwischen Ost und West. Sie standen aber auch im Zeichen von Auseinandersetzungen in der Führung der SED, bei denen der Parteivorsitzende Walter Ulbricht nach und nach die Unterstützung der Sowjetunion verlor, so dass sich ein Machtwechsel in Ost-Berlin anbahnte. Ulbricht wurden sowohl Alleingänge in der Deutschlandpolitik, zum Beispiel die Annäherung an die bundesdeutschen Sozialdemokraten, als auch unrealistische Hirngespinste über die erreichten Erfolge auf dem Weg zum Kommunismus vorgeworfen. Er weigerte sich jedoch zurückzutreten. Sein Nachfolger, Erich Honecker, der sowohl die Mehrheit in der SED als auch die Führungsspitze der Sowjetunion hinter sich hatte, zwang ihn am 3. Mai 1971 durch einen Putsch zum Rücktritt „aus gesundheitlichen Gründen".

Bereits am 12. August 1970 unterzeichneten die Bundesrepublik Deutschland und die Sowjetunion den Moskauer Vertrag über Gewaltverzicht und Normalisierung der Beziehungen. Damit bestätigte die Bundesrepublik die bestehenden Grenzen sowohl zu Polen als auch zur DDR und es wurde bilateral auf Gebietsansprüche verzichtet. Das sollte dem Westen zufolge aber nicht einer zukünftigen Wiedervereinigung auf der Basis des freien Willens des deutschen Volkes in beiden Staaten im Wege stehen.

Am 7. Dezember 1970 unterzeichnete die Bundesrepublik den

Warschauer Vertrag mit Polen, wobei die bestehende Westgrenze Polens, die sogenannte Oder-Neiße-Linie, anerkannt wurde. Damit fielen alle deutschen Ansprüche auf die ehemals deutschen Gebiete östlich davon – Pommern, Schlesien und Ostpreußen – fort.

Am 3. September 1971 wurde von den vier Besatzungsmächten das Viermächteabkommen über Berlin unterzeichnet. Es bestätigte die Verantwortlichkeit der drei westlichen Besatzungsmächte für West-Berlin und die gemeinschaftlichen Bindungen zwischen den drei Westsektoren. Die Sowjetunion gewährleistete, dass der Verkehr zwischen West-Berlin und der Bundesrepublik von nun an reibungslos verlaufen sollte. Die Einzelheiten der Durchführung wurden den Behörden der beiden deutschen Länder überlassen.

Der sogenannte Grundlagenvertrag zwischen der BRD und der DDR wurde dann am 21. Dezember 1972 abgeschlossen und trat ein halbes Jahr später in Kraft. Es hatte ein langes Hin und Her gegeben, da die DDR ihre völkerrechtliche Anerkennung forderte, die aber gegen das Wiedervereinigungsgebot im westdeutschen Grundgesetz verstoßen hätte. Nach der Unterzeichnung des Moskauer Vertrags verzichtete die DDR jedoch darauf und gab sich mit einer staatsrechtlichen Anerkennung ihrer Souveränität zufrieden.

Der Grundlagenvertrag bekundete unter anderem, dass beide Staaten die Entwicklung gutnachbarlicher Beziehungen auf gleichberechtigter Basis anstrebten, auf Gewalt verzichteten, einander nicht offiziell vertreten konnten, ihre eigenen inneren und äußeren Angelegenheiten unabhängig verwalteten, sich am Prozess der Sicherheit und Zusammenarbeit in Europa beteiligten, bilaterale Zusammenarbeit auf verschiedenen Gebieten in Aussicht stellten und den Austausch von Ständigen Vertretern bewerkstelligten.

Als Folge des Grundlagenvertrags wurden beide deutsche Staaten im September 1973 in die Vereinten Nationen aufgenommen. In der Folgezeit wurde eine lange Reihe verschiedener Abkommen zwischen der BRD und der DDR über Zusammenarbeit auf verschiedenen Gebieten abgeschlossen.

Gleichzeitig bahnten sich im Westen ganz andere Dinge an. Aus der 68er Studentenbewegung zweigte sich eine radikale Gruppe ab, die den bewaffneten Widerstand gegen den Imperialismus führen wolle. Nach den Gründern der Bewegung wurde sie zunächst „Baader-Meinhof-Bande" genannt, später mit deren Selbstbezeichnung „Rote-Armee-Fraktion" (RAF). Diese hatte bereits 1968 mit Brandanschlägen in Kaufhäusern begonnen und setzte ihre Aktivitäten mit der gewaltsamen Befreiung von Inhaftierten, mit Banküberfällen, Anschlägen auf amerikanische Streitkräfte, Richter, die Springer-Presse und so weiter fort. Als Vorbilder der Bewegung galten lateinamerikanische Guerilla-Organisationen. Der Guerilla-Anführer Che Guevara wurde zu deren Symbolfigur. Nach und nach wurden die meisten der führenden Mitglieder inhaftiert. Es gab eine Menge Aufsehen um die Gerichtsverhandlungen.

*

In den frühen Siebzigern las ich weiterhin Bücher von Karl May, aber auch andere Abenteurer-Romane wie „Robinson Crusoe" von Daniel Defoe. Dann kam ich zufällig auf den Verfasser Ernst F. Löhndorff, der selbst im Alter von 14 Jahren von zuhause fort gelaufen und zur See gefahren war und sich dann in verschiedenen Gegenden der Welt durchschlug. Er schrieb Bücher aufbauend auf seinen Erlebnissen. Das erste Buch, das ich las, war „Blumenhölle am Jacinto", das von strapaziösen Fahrten in Kanus auf den Urwaldflüssen des Amazonas-Gebiets handelte und mich vollkommen in seinen Bann riss. Ein etwas nüchterneres Werk über dieselbe Gegend, das ich etwas später las, war „Vom Orinoco zum Amazonas", der Bericht des Forschungsreisenden Alexander von Humboldt. Ab und zu besuchte ich das Völkerkunde-Museum in Dahlem, um mich von Artefakten fremder Kulturen inspirieren zu lassen. Was mich am meisten beeindruckte, waren die polynesischen Boote und die Holzblockdrucke aus Ost-Asien. Bald wollte ich selbst Forschungsreisender werden – was ja dann später weitgehend so wurde, wenn auch in einer vollkommen anderen Gegend der Welt.

Aus meinem Interesse für Geografie entsprang auch das Bedürfnis, Sprachen sprechen zu können. Ich besorgte mir kleine Bücher zur Einführung in verschiedene Sprachen, weil ich einfach wissen wollte, wie sie aufgebaut waren, wie viel oder wie wenig Grammatik sie hatten, usw. Ich blieb dann bei Spanisch und Indonesisch hängen und studierte auf eigene Faust. Ich hatte ja schon in der vierten Klasse bei unserer guten Deutsch-Lehrerin ein Grundverständnis für Grammatik erworben. Spanisch fiel mir recht einfach, da ich in der Schule schon viele Jahre lang Französisch hatte und die beiden Sprachen sehr verwandt sind. Indonesisch reizte mich durch den vollkommen fremden, malaiischen Klang sowie die Tatsache, dass es grammatisch vollkommen simpel war.

Später kam dann Dänisch hinzu, angeregt dadurch, dass ich mit meinen Eltern oft in die Ferien nach Dänemark fuhr. Das größte Problem beim Dänisch Lernen ist die Aussprache. Dabei half mir ein altes Buch über dänische Linguistik, das ich in einem Antiquariat fand. Darin waren für alle Laute die Mundbewegungen und Zungenstellungen erstaunlich genau beschrieben. Auf diese Art lernte ich die Sprache zunächst, ohne sie zu hören, und konnte beim nächsten Urlaub anfangen, mich notdürftig zu unterhalten. Das fiel dann nach und nach immer leichter.

Als ich knapp sechzehn war, bekam ich Lust, Gitarre spielen zu lernen, und bekam dann auch eine einfache Western-Gitarre zum Geburtstag. Dazu schaffte ich mir ein Lehrbuch und nach und nach ein paar Liederbücher an. Zuerst lernte ich Akkorde, dann Fingerspiel und die Kombination von beiden. Ich begann mit Cowboy Songs, Spirituals und später mit Liedern zeitgenössischer deutscher Liedermacher, französischen Chansons und so weiter.

Im Januar 1973 starb Oma im Alter von 85 Jahren. Sie hatte im Vorjahr einen Oberschenkelhalsbruch erlitten und erholte sich nicht mehr so ganz. Ihre Altersdemenz verstärkte sich und dann ging es schnell bergab. Wir bekamen einen Telefonanruf aus dem Ost-Berliner Krankenheim, wo sie die letzten Wochen lang war. Ich nahm ihn entgegen, weil ich als einziger zuhause war. Als mein Vater von der Arbeit kam, überbrachte ich ihm die Nachricht. Es kam nicht unerwartet für ihn. Er war den Abend lang sehr still und wollte allein sein.

Glücklicherweise war es jetzt unproblematisch, einen Passierschein zu bekommen, um zum Begräbnis nach Ost-Berlin zu fahren. Ich war aber selbst nicht dabei.

Jetzt hatten wir nur noch Opi und Tante Grete in Ost-Berlin.

*

Bislang hatte ich immer nur wenige engere Freunde, mit denen ich in der Freizeit zusammen war – kein Wunder, wenn man als Teenager lieber Bücher liest, Sprachen lernt und sich mit Astronomie und dergleichen befasst.

Eine Zeitlang in der Mittelstufe hatte ich einen Freund, der Thomas hieß, mit dem ich mich traf, um kleine ungefährliche chemische Experiment zu machen. Das lustigste war unser Raketentreibstoff, der aus Salpeter, Kaliumpermanganat und abgerubbelten Streichholzköpfen bestand. Die Mischung wurde mit Wasser aufgeschwemmt. Damit wurde dann Watte eingetränkt, getrocknet, in eine dünne Papphöhre gestopft und mit einer Lunte angezündet. Die erste Rakete war recht klein, lag auf zwei Achsen mit Rädern und fuhr mehrere Meter weit auf dem Balkonboden entlang. Dann versuchten wir es mit einer größeren Rakete, die senkrecht starten sollte. Dazu gingen wir auf die Straße, hielten einen gehörigen Sicherheitsabstand und meine Familie schaute aufgeregt vom Balkon aus zu. Die Rakete wurde gezündet und – es geschah überhaupt nichts.

Als Thomas an gefährlichere Dinge gehen wollte, zog ich mich zurück.

In der Oberstufe traf ich mich des Öfteren mit einem Klassenkameraden, der Holger hieß. Ich glaube, wir unternahmen nicht viel, sondern redeten meist. Er spielte Cello, war wie ich ein zurückhaltender, ruhiger Typ und wir verstanden uns gut.

Das mit dem vielen Alleinsein sollte sich ab Ende 1973 ändern.

Im Oktober unternahmen wir – eine zusammengewürfelte Gruppe aus der Oberstufe des Schiller-Gymnasiums – eine einwöchige Schüleraustauschfahrt nach Colmar im Elsass, der französischen Partnerstadt unserer Schule. Wir sollten in französischen Familien von Schülern untergebracht werden, die dann im Jahr darauf bei unseren in Berlin wohnen sollten.

Einige von uns brachten Gitarren mit. Ich hatte meine nicht dabei, aber hatte schon so viel gelernt, dass ich Lieder vortragen oder begleiten konnte. Wir begannen schon in der Eisenbahn, wo wir einige Abteile für uns hatten, mit dem Singen.

Soweit ich mich erinnere, war aus meiner Klasse sonst niemand dabei, nur Leute aus der Parallelklasse und aus den darunterliegenden Klassen, von denen ich die meisten nur vom Sehen her oder gar nicht kannte. Musikmachen ist immer eine gute Gelegenheit zum Kennenlernen.

Dabei lernte ich Dietmar kennen. Er war nur ein halbes Jahr jünger als ich, aber eine Klasse unter mir. Er war mit seiner Familie – Mutter, Bruder und Schwester – erst kürzlich aus Mauritius gekommen. Er war zwar Deutscher, aber war wegen der Tätigkeit seines Vaters in der Entwicklungshilfe auf Mauritius aufgewachsen. Wegen der abwechslungsreichen Kolonialzeit des Inselstaates sprach er fließend Englisch, Französisch und Kreol. Er sprach auch Deutsch, aber meinte, es sei nur so eine Art Küchen-Deutsch und beschränke sich darauf, was man eben so zuhause in der Familie spricht. Dietmar war sehr gut auf der Gitarre. Wie fast überall in Afrika, war Musik auch auf Mauritius eher eine Lebensart als nur zur Unterhaltung. Die Familie war nun nach dem Tode seines Vaters nach Deutschland zurückgekehrt.

Aus Dietmars Klasse kam auch ein Mädchen, das eine unheimlich kräftige Stimme hatte und uns alle mit ihren Liedern, die sie aus voller Kehle und mit lang anhaltenden Tönen sang, beeindruckte. Sie hieß Pamela. Einige ihre Lieder hatten die Grausamkeit von Kriegen zum Thema. Manche waren pro-israelisch, wie Salvatore Adamos „Inschallah". Sie trug auch selbstkomponierte Lieder vor.

In Colmar wohnte ich bei der Familie von Philippe. Er spielte auch Gitarre. Von ihm lernte ich zuerst die französische Version einiger Lieder, die ursprünglich Englisch waren, die ich aber damals noch nicht kannte – wie „Suzanne" und „The Partisan" (Leonard Cohen) und „House of the Rising Sun" (The Animals). Einige davon sang ich später selbst und daher war mir ungewöhnlicherweise für lange Zeit „Suzanne" auf Französisch wesentlich vertrauter als auf Englisch. Philippe sang auch Chansons von George Moustaki und anderen bekannten zeitgenössischen Sängern und Liedermachern, die mir seitdem sehr vertraut geworden sind.

Die Tage verbrachten wir meist in der ganzen Gruppe. Wir statteten unserer Partnerschule einen Besuch ab, machten Führungen mit, gingen in Weinkeller und so weiter. An freien Abenden trafen sich alle gemeinsam oder in Gruppen an verschiedenen Orten. Die Zeit ging schnell vorbei und ich habe nur gute Erinnerungen daran. Später in Berlin trafen sich einige der deutschen Teilnehmer mehrfach zu verschiedene Anlässen. Zum Beispiel gingen wir ab und zu zusammen

Schlittschuhlaufen, oder wir trafen uns zum Musizieren.

Aus dem Musizieren entwickelte sich eine feste Gewohnheit. Es wurde regelmäßiger und lockte auch Schüler an, die gar nicht in Colmar gewesen waren. Es bildete sich eine Gruppe von 15-20 Leuten heraus, die schließlich den Plan ins Leben riefen, an der Schillerschule eine Musikaufführung zu veranstalten. Dietmar und ich spielten Gitarre, während die anderen zunächst nur einen Chor bildeten. Das Repertoire wurde ziemlich folkloristisch. Wir sangen zunächst nur auf Englisch und Französisch, die Fremdsprachen unserer Schule. Die Stimmen der verschiedenen Teilnehmer passten kaum zusammen, aber wir versuchten, das Beste daraus zu machen. Choreografie hatten wir überhaupt keine. Es war ein ziemliches Herumgehüpfe auf der Bühne. Als wir einen Namen für unsere Gruppe suchten und lange hin und her überlegten, einigten wir uns schließlich auf das Naheliegendste: „Die Sandflöhe".

*

Gleichzeitig mit den beginnenden Musikaktivitäten belegte ich einen Tauchkurs. Dazu musste ich Mitglied in einem Tauchclub werden. Mich hatten die Filme von Jaques-Ives Cousteau beeindruckt, die ich in unserem vor wenigen Jahren erworbenen Fernseher sah. Cousteau war einer der Pioniere, die das Sporttauchen mit Pressluftflaschen entwickelten für die Allgemeinheit zugänglich machten. Auch ich wollte die Unterwasserwelt sehen können. Der Kurs hatte viel Theorie, angefangen vom Beherrschen der Ausrüstung, über gefährliche Tiere und Taucherkrankheiten bis hin zur Berechnung vom Luftverbrauch bei Tauchgängen. Die Praxis lief im Schwimmbecken und einem 4 m tiefen Sprungbecken ab.

In unserer Tauchschülergruppe war auch ein älterer Engländer, dessen Namen ich vergessen habe. Wir machten einige Übungen gemeinsam und testeten uns gegenseitig. Er hatte kein Interesse am Tauchclub oder an den anderen Teilnehmern, weil er meinte, in diesem Milieu waren alle ziemlich hochnäsig. Er war nur Clubmitglied, weil er sonst den Kurs nicht hätte machen können. Ich sah es als ein Kompliment an, das er sich an mich hielt.

Außerdem lernte ich Udo kennen. Er war in meinem Alter, ein echter Berliner sowohl von der Herkunft als auch vom Akzent her, umgänglich und unkompliziert. Manchmal steckten auch wir drei zusammen.

Einmal im Winter 1973-74 war ich abends mit der U-Bahn auf dem Weg zum Schwimmbad, als ich drei Männer mit ausländischem Aussehen bemerkte. Sie standen etwas entfernt, aber schienen mich zu beobachten und sich Zeichen zu geben. Sie waren deutlich älter als ich. Ich hatte den Eindruck, sie führten etwas im Schilde. Mir graute schon davor, auszusteigen und durch die dunklen Straßen zum Schwimmbad gehen zu müssen. Glücklicherweise stieg Udo an einer Station zufällig in den gleichen U-Bahnwagen. Da schienen die drei das Interesse zu verlieren. Wir fuhren nur ein oder zwei Stationen zusammen, bis wir angekommen waren. Ich erzählte ihm von meiner Beobachtung. „Die wollen wohl die Fresse poliert bekommen!" war seine prompte Reaktion.

Am übernächsten Tag stand in der Zeitung, dass ein Siebzehnjähriger am Tage nach dem Vorfall in einer Grünanlage der Stadt umgebracht worden war, nicht allzu weit von jener Gegend. Natürlich wusste niemand, ob da ein Zusammenhang bestand. Meine Mutter ging mit mir zur Polizei, wo ich mein Erlebnis erzählte und ein Bilderarchiv von Vorbestraften oder Verdächtigen durchsah. Ich erkannte aber niemanden wieder.

Die Tauchprüfung fand im Frühsommer 1974 im Glienicker See statt. Dieser See wurde wohl dafür benutzt, weil er nicht weit vom Ufer entfernt recht tief wurde, oft etwas klarer war als die anderen Berliner Seen und kaum Bootsverkehr hatte. Durch diesen See lief die Grenze zum Osten, die in der Mitte des Sees mit kleinen Bojen markiert war. Am entgegengesetzten Ufer standen die Mauer und ein paar Wachtürme. Garantiert wurden wir von dort aus beobachtet, denn es gab immer mehr ausgeklügelte Fluchtversuche aus der DDR, bei denen Helfer aus dem Westen mitwirkten.

Der See war an diesem Tag überhaupt nicht klar. Die Sicht betrug etwa zwei Meter. Der Tauchlehrer und ich schwammen hinaus und tauchten zusammen ab, bis wir in etwa acht Metern Tiefe den schlammig-sandigen Grund erreichten. Dort knieten wir uns nieder und machten ein paar Übungen wie Maske abnehmen und ausblasen, einander vom eigenen Gerät Luft geben und so weiter. Er versicherte sich, dass ich mit Handzeichen kommunizieren konnte. Dann tauchten wir wieder auf und die Prüfung war bestanden.

Ich hatte bis dahin eine Menge Ausrüstung selbst angeschafft, aber mir fehlten die teure Pressluftflasche und der Atemregler (Reduktionsventil mit Mundstück). Im Sommer bekam ich einen dreiwöchigen Job, wo ich verschiedene Fließbandarbeiten machte. Dabei verdiente ich mir das Geld, um die fehlenden Geräte kaufen zu können.

In den darauffolgenden Jahren wandte ich die erworbenen Kenntnisse allerdings recht wenig an. Ich war auf ein paar kleineren Tauchausflügen des Clubs an der Ostsee und in Binnengewässern dabei, erreichte aber nie mehr als die noch relativ sichere Tiefe von 24 Metern. Das Tauchen wurde nie zu einem richtigen Steckenpferd. Man probiert halt verschiedene Dinge aus und nur wenige davon bleiben dann übrig.

Etwa gleichzeitig machte ich auch meinen Führerschein. Ich war gerade 18 Jahre alt geworden. Meine Eltern meinten, ich solle nicht damit warten, denn später hätte ich mit dem Abitur und dann eventuell mit dem Studium zu tun, und so weiter. Ich machte die Theorie und 20 Fahrstunden, bis mein Fahrlehrer meinte, ich könne mich zur Prüfung melden. Es ging auch alles recht gut und ich fühlte mich sicher. Der Fahrlehrer und der Prüfer redeten unbeschwert miteinander über ganz andere Dinge, während ich fuhr. Dann sollte ich den Wagen vor der Prüfstelle abstellen. Erleichtert, es über die Bühne gebracht zu haben, zog ich die Handbremse an und schaltete die Zündung ab. Da zeigte der Prüfer mit dem Finger aus dem Fenster auf ein Parkverbotsschild. Mir lief es heiß über den Rücken. „Na dann fahren Sie mal ein Stück weiter!" Ich wollte die Zündung wieder einschalten, aber bekam den Schlüssel nicht herumgedreht. Ich versuchte es mehrmals, aber da war nichts zu machen. Da stieg der Fahrlehrer aus, ging um den Wagen herum und setzte sich ans Steuer, während mir der Prüfer viel Glück beim nächsten Versuch wünschte. „Sie haben doch ansonsten alles gut gemacht. Warum sind Sie den nicht einfach ein Stück weiter gefahren?" fragte mich der Lehrer während der Rückfahrt zur Fahrschule. Es zeigte sich, dass ich noch nie etwas von einem Lenkradschloss gehört hatte. Das Lenkrad war wohl nie im Schloss gewesen, als ich Fahrstunden hatte, und das Problem war nie aufgetaucht. Ich absolvierte also die Mindestrate von drei weiteren Fahrstunden und meldete mich wieder zu Prüfung. Diesmal fuhr ich nach eigenem Ermessen wesentlich unsicherer und war aufgeregt, aber bekam den Führerschein.

In den Sommerferien 1974 fuhr ich zum ersten Mal ohne Eltern und nur mit Freunden in den Urlaub. Ich fuhr zusammen mit Udo, meinem Freund Axel aus der Parallelklasse und Gerhard, einem Bekannten von Axel. Wir besorgten uns Interrail-Tickets und fuhren nach Schottland – nach Edinburgh und in die Highlands and Islands. Wir gingen zumeist auf Campingplätze und schliefen in zwei primitiven, billigen Zelten. Allerdings war das Wetter dauerhaft so schlecht, dass wir uns nach zwei Wochen dafür entschieden, die Interrail-Tickets voll auszunutzen und über London und Paris ans Mittelmeer zu fahren. Wir sahen uns Monaco an und ruhten uns dann in Portbou, einem damals ziemlich verschlafene Ort gleich hinter der spanischen Grenze, aus.

*

Im Herbst näherte sich die erste Aufführung der Sandflöhe in der alten, ehrwürdigen Aula der Schillerschule. Dort gab es eine richtige Bühne mit Theatervorhang und Beleuchtungseffekten. Wir bereiteten auch den technischen Ablauf gut vor. Alle Schüler und deren Familien waren eingeladen. Alles lief reibungslos ab. Wir waren fünfzehn Leute auf der Bühne. Dietmar und ich spielten Gitarre und alle sangen wir. Der Sandfloh-Chor machte seinem Namen alle Ehre, allerdings glücklicherweise in zurückhaltendem Maße. Als Sondereinlage sang Pamela, das Mädchen mit der kräftigen Stimme, ein paar Solos, begleitet von Andreas auf der Gitarre, mit dem sie in letzter Zeit Verschiedenes eingeübt hatte. Die Aufführung wurde ein toller Erfolg, besonders wenn man in Betracht zieht, dass es unsere erste war.

Gleichzeitig näherte sich die Abiturprüfung für meine Klassenstufe. Im Land Berlin wurde zu dieser Zeit gerade das Schuljahr umgestellt. Bislang begann es nach Ostern im April, aber von nun an sollte es nach den Sommerferien im August beginnen. Der Übergang fand in unserem Jahrgang statt. Von nun an war das Halbjahr bereits zu Weihnachten anstatt zu Ostern abgeschlossen. Das dreizehnte Schuljahr war daher verkürzt. Obwohl es im April angefangen hatte, machten wir die Abschlussprüfung schon Anfang Dezember.

Der Klassenunterricht war in den letzten Monaten im Auslaufen begriffen und wir hatten angenehm viel Zeit, für die Prüfungen zu lernen. Nicht weit von der Schule entfernt, Knesebeckstraße Ecke Goethestraße, war ein Café, in dem wir oft saßen, wenn wir Freistunden hatten. Den Namen weiß ich nicht mehr, aber wir nannten es das Schülercafé, weil wir dort so oft waren. Der Inhaber hatte sicherlich nichts dagegen, dass wir seinen Laden zum Schülercafé erkoren hatten, denn dort war es nun am Vormittag immer ziemlich voll.

Wir hatten in erster Linie schriftliche Prüfungen. Nur in einem Fach konnte es passieren, dass wir mündlich geprüft wurden. Bei mir war es das Fach Deutsch. Wir erfuhren nur kurz zuvor, ob wir mündlich geprüft werden sollten oder nicht, mussten uns also in jedem Fall vorbereiten. Ich konnte mir das Prüfungsthema aussuchen. Ich wählte das Drama „Antigone" des griechischen Dichters Sophokles und dessen zahlreiche spätere Bearbeitungen von Euripides, Anouilh, Brecht und anderen.

Wir hatten „Antigone" irgendwann in der Oberstufe gelesen. Mich hatte diese Tragödie stark mitgenommen, weil darin so offenbar der Gegensatz zwischen Gerechtigkeitssinn und diktatorischer Willkür und daraus entstehende Aufruhr gegen die Obrigkeit dargestellt wird.

Ich wurde nicht zur mündlichen Prüfung einberufen und bestand mein Abitur mit einer ganz brauchbaren Durchschnittsnote. Antigone aber hat mich auf gewisse Art durch mein Leben begleitet.

Straßenszene in Kreuzberg, "Klein-Anatolien", 1982

7. Kapitel

STUDENTENJAHRE

Die späten siebziger Jahre (bis 1981)

Nach einigem Hin und Her hatte ich mich zum Studium der Geologie entschieden. Egal ob es um Kartieren, Forschungsprojekte oder Prospektierung auf Rohstoffe gehen würde – ich versprach mir davon einiges an Geländearbeit und dass ich etwas in der Welt herumkommen würde. Mein Traum vom Forschungsreisenden konnte damit unter Umständen wahr werden – jedenfalls eher als mit Astronomie oder Ähnlichem. Zu den Sternen, sprich Planeten, würde man während meiner Zeit noch nicht fliegen; jedenfalls nicht in dem Maße, dass ich dabei sein konnte. Geologie hingegen war etwas Naheliegendes, etwas, womit man überall auf der Erde arbeiten konnte. Man würde sozusagen mit beiden Beinen fest auf dem Boden stehen.

In West-Berlin gab es zwei Universitäten, die Freie und die Technische Universität. Beide boten Geologie mit Vor- und Hauptstudium und einem Diplom (heute dem Master entsprechend) als Abschluss an. Bei keiner von beiden gab es Aufnahmebeschränkungen. Ich verabredete an beiden Instituten ein Treffen mit einem Studienberater.

Zuerst fuhr ich zur Freien Universität (FU), die in Dahlem, dem grünen Südwesten Berlins lag. Der Studienberater war ein wissenschaftlicher Assistent, ein stämmiger, bärtiger Mann mittleren Alters, der in einem sonnigen Büro saß und mir ein wenig über das Studium erzählte. Er meinte, welche der beiden Universitäten ich wählte, war kaum ausschlaggebend. Nur, falls ich mehr in die geotechnische Richtung gehen wollte, wäre die Technische Universität besser. Aber sowohl mit freier Forschung als auch mit angewandter Geologie wäre ich an der Freien Universität genauso gut beraten. Er selbst würde angewandte Geologie machen und würde am nächsten Tag nach Borneo fliegen, wo es um die Erdöl-Prospektierung ging. So etwas reizte mich natürlich.

Auch an der Technischen Universität (TU) empfing mich ein wissenschaftlicher Assistent, ein etwas jüngerer, forscher und glattrasierter Typ. Auch er fragte nach meinen Interessen und beschrieb mir in groben Zügen den Studiengang. Er hatte eine sehr direkte und gar nicht sehr wissenschaftliche Art zu reden. Auf meine Frage hin, was denn der Unterschied zwischen dem Studium an der einen oder anderen Universität war, sagte er wörtlich: „Mit dem Diplom von der FU können Sie sich den Hintern abwischen!"

Toilettenpapier konnte ich billiger haben. Im April 1975 begann ich mein Studium an der TU. Das Institut lag am Ernst-Reuter-Platz, fast direkt gegenüber der Schillerschule. Mein täglicher Weg war also genau derselbe wie zuvor zur Schule.

Das erste Semester bestand aus der Einführungsvorlesung in die Geologie, sowie aus allgemeinen Vorlesungen in Mathematik, Physik und anorganischer Chemie. Die drei letzteren machte ich wie zu Schulzeiten pflichtbewusst und ohne größeren Enthusiasmus mit, während mich die Geologie-Vorlesung begeisterte. Ich hatte in den letzten drei-vier Monaten schon in geologischen Lehrbüchern geschnüffelt und der Stoff fiel mir leicht. Ich war ziemlich sicher, das richtige Studienfach gewählt zu haben.

Meine Eltern unterstützten meine Wahl. Das Studium in Deutschland war kostenlos und sie wollten mir den Lebensunterhalt bis zum Studienabschluss finanzieren und auch für das Lehrmaterial aufkommen. In Deutschland bekam man damals ein Darlehen zum Studieren nur, wenn das Gehalt der Eltern unter einer gewissen Grenze lag.

Wie zuvor ging auch Opi auf meine Interessen ein. Bei einem seiner Besuche brachte er mir ein zweibändiges ostdeutsches Lehrbuch der Geologie mit, das an der Humboldt-Universität in Ost-Berlin verwendet wurde. Zwar stand darin nichts über Parteitage und sozialistische Errungenschaften wie in den Büchern über die Raumfahrt, aber der Text war trocken und fast ohne jegliche Abbildungen, die ja zum Verständnis der Geologie so wichtig waren. Irgendetwas hatten die im Osten bezüglich Pädagogik nicht so richtig begriffen. Vielleicht war der Grund auch, dass Abbildungen herstellen und drucken teurer war als Text und dafür die Mittel fehlten. Ich hielt mich lieber an die westlichen Bücher und fuhr recht gut damit.

Am Ende des ersten Semesters hatten wir unseren ersten Kartier-kurs. Da Berlin in einem Urstromtal liegt, wo es nur Sand, Böden und eiszeitliche Findlinge, aber kein Festgestein gibt, mussten wir dazu nach West-Deutschland reisen. Man konnte also nicht mal kurz am Wochenende irgendwo hinfahren, um sich Geologie anzusehen, sondern musste einige Stunden lang reisen und zwei Staatsgrenzen (nach westlicher Ansicht zweimal die gleiche) passieren und dasselbe nochmals beim Rückweg. Der erste fünf- oder sechstägige Kurs fand bei Eschwege statt, das im nordöstlichen Hessen, nicht weit von Kassel, liegt. Dabei lernten wir die Schichtfolge des Zeitalters der Trias kennen und wie man die geologischen Verhältnisse auf einer Karte zu Papier bringt. Das alles begeisterte mich. Der Lehrer war übrigens derselbe, der so verächtlich über die Freie Universität geredet hatte. Er machte seine Sache aber ganz gut.

In den Sommerferien reiste ich mit Axel, meinem Schulkameraden, der schon im Jahr zuvor in Schottland dabei gewesen war, in die nordischen Länder. Wir trampten, wo es ging, und nahmen Busse, wo es schwierig war. Wir fuhren nordwärts durch Finnland und dann südwärts durch Norwegen. Im nördlichen Finnland machten wir eine Wanderung im Wald in der Nähe von Inari und wurden fast von Mücken aufgefressen. An der norwegischen Küste ging es besser, aber dort war jener Sommer ziemlich kalt. An der Küste der Finnmark stieg die Temperatur kaum über 6-7 Grad. Wir machten auch eine elfstündige Fahrt mit der Hurtigruten von Honningsvåg bis Tromsø. Alles in allem waren wir etwa anderthalb Monate lang unterwegs, schliefen meist im Zelt und aßen vorwiegend billiges Weißbrot mit Schnittkäse. Das Trampen war eine recht übliche Art des Reisens unter Jugendlichen um diese Zeit. Man kam mit wenig Geld weit herum, aber es war auch anstrengend mit dem schweren Rucksack. Da man immer das gesamte Reisegepäck dabei hatte, war die Lust zu wandern oder in schwerer zugängliche Gebiete zu fahren, eingeschränkt. Wir sahen trotzdem eine Menge und bekamen eine Vorstellung vom Hohen Norden. Und endlich einmal sah ich auch alle die vier nordischen Hauptstädte – Kopenhagen, Stockholm, Helsinki und Oslo.

Im Herbst des gleichen Jahres zog ich aus der Wohnung meiner Eltern aus. Zuhause war es eng geworden, da mein kleiner Bruder und ich zusammen nur ein kleines Zimmer hatten. Er wurde auch älter und hatte mehr Bedürfnisse in Bezug auf Schularbeiten und Zusammensein mit Freunden, während ich nun studierte und Ruhe dazu brauchte. Wir hatten über Bekannte eine Einzimmerwohnung in der Thrasoltstraße 9 in Charlottenburg vermittelt bekommen, die meine Eltern für mich mieteten. Sie lag im dritten Stock mit Fenstern zum Hinterhof hinaus, hatte eine Küche mit kaltem Wasser, eine Toilette im Treppenhaus gemeinsam mit einer anderen Wohnung und überhaupt kein Bad. Wir montierten einen kleinen Warmwasserbereiter über dem Waschbecken für den täglichen Bedarf. Zum Duschen ging ich einmal in der Woche zu meinen Eltern, wo ich gleichzeitig Wäsche zum Waschen ablieferte und fertig gewaschene abholte.

Wir mussten nicht viel Neues anschaffen. Möbel besorgten wir auf verschiedene Art. Einen großen Kleiderschrank hatte die Vormieterin in der Wohnung stehengelassen. Alte Bücherregale und einen Tisch hatten wir noch im Keller bei meinen Eltern zu stehen. Meinen Schreibtisch nahm ich aus der alten Wohnung mit. Als Bett nahm ich die obere Etage des Doppelstockbetts mit, in dem ich mit meinem Bruder geschlafen hatte. Ich renovierte die Wohnung etwas, malte Küchenmöbel, Decke und Wände im Zimmer neu und legte das Zimmer mit Teppichfliesen aus. Über die ganze Wand über dem Bett malte ich eine überdimensionale Landkarte Europas in Blau und Weiß, auf der ich nach und nach Ansichtskarten aus allen Städten und Gegenden aufhing, die ich besucht hatte.

Die Wohnung hatte einen Kachelofen zum Heizen und bald musste ich Kohlen für den Winter einlagern. Ein Kohlengeschäft lag glücklicherweise gleich auf der anderen Straßenseite. Ich schleppte die Kohlen in mehreren Touren die Treppen hoch und lagerte sie in einem Abstellraum auf der gleichen Etage.

Die Wohnung lag zentral, gleich an der Wilmersdorfer Straße, wo es alle möglichen Geschäfte zum Einkaufen gab. Ich hatte daheim bei meinen Eltern schon ab und zu Essen gekocht und nahm nun neue Gerichte in mein Repertoire auf. Ab und zu fragte ich meine Mutter nach Rezepten oder wie sie das eine oder andere zubereitete.

Schnell fühlte ich mich in meinen eigenen vier Wänden wohl. Ich hatte Ruhe zum Arbeiten, aber konnte Freunde einladen, wann immer ich wollte. Niemand fragte, wo ich war, wenn ich nicht nach Hause kam. Dietmar, mit dem ich viel zusammen musizierte, wohnte keine zehn Minuten zu Fuß entfernt. In der Nähe seiner Wohnung lag das Spreeufer, an dem entlang man zum Schlosspark Charlottenburg laufen konnte.

Natürlich war ich an der Universität, wenn ich Vorlesungen oder Übungen hatte, aber das Studium fiel mir leicht und die Arbeitsmenge hielt sich in Grenzen.

*

Vorläufig hielten wir unsere Auftrittsübungen mit den Sandflöhen in der Schule ab. Die meisten von uns waren ja noch Schüler. Aber wir trafen uns auch manchmal bei einigen von uns, die Platz hatten, zuhause. Dazu gehörte nun auch ich. Die Gruppe wurde kleiner, weil einige nach dem ersten Auftritt absprangen. Diejenigen, die ehrgeizig waren und auch singen oder spielen konnten, übten wohl auch etwas Druck auf die anderen aus, bei denen der Wunsch teilzunehmen größer war als die Ausdauer zum ständigen Üben. Damit fielen diejenigen fort, deren Stimmen oder fehlende Ambitionen nicht so ganz in die der Gruppe passten. Wir wollten besser werden.

Oft übte ich für mich allein auf der Gitarre und spielte auch auf einer Menge von privaten Feten. Ich spielte zum Beispiel deutsche Lieder von Reinhard Mey, englische von Peter Paul and Mary oder Gordon Lightfoot, französische Chansons vom Georges Moustaki und vieles andere, das mir über den Weg lief. Axel, mein Schulfreund, mit dem ich schon zweimal verreist war, führte mich an andere Musik-Genres heran. Er hörte sehr viele Radiosendungen und fand ständig neue interessante Sachen. Zunächst waren da Country-Sänger wie zum Beispiel Johnny Cash, der aber schon lange bekannt war, bevor wir auf ihn aufmerksam wurden. Kurze Zeit später fuhr Axel vollkommen auf irischen und schottischen Folk ab, der zu jener Zeit ein großes Comeback erlebte und international bekannt wurde. Während mich die Country-Musik nur in begrenztem Maße zum Selbstspielen begeisterte, rissen mich die irischen und schottischen Lieder ungemein mit. Die Harmonien, die oft zwischen Dur und Moll wechselten, der Enthusiasmus, mit dem diese Lieder vorgetragen wurden, die eigenartigen englischen Dialekte und die oft verwendeten keltischen Sprachen begeisterten mich. Diese Leute hatten eine positive Liebe zur eigenen Kultur und Geschichte, die uns Deutschen nach dem „Dritten Reich" abhandengekommen war und nur von Rechtsradikalen auf menschenverachtende Weise praktiziert wurde. Ich besorgte mir Schallplatten und Songbooks für Gitarre und mein eigenes Repertoire wuchs. Ein paar von diesen Songs übernahmen wir auch bei den Sandflöhen.

Aus dem Freundeskreis meiner Schulkameraden, der sich mit dem der verbleibenden Sandflöhe überschnitt, saßen einige von uns manchmal in Folk-Kneipen, die in West-Berlin aus dem Boden schossen. Unsere Favoriten waren das „Go In" in der Bleibtreustraße, der „Steve Club" in der Krumme Straße und der „Folk-Pub" in der Leibnizstraße. Ab und zu lief dort Life-Musik, ansonsten wurde entsprechende Musik vom Band gespielt. Alle waren für mich leicht zu Fuß von meiner Wohnung aus zu erreichen.

*

Einmal während unserer Musikübungen improvisierte ich zusammen mit Dietmar orientalische Musik. Pamela meinte, sie hätte zuhause Noten von armenischen Liedern, die sie uns geben könne. Später einmal fragte ich sie, wie sie dazu käme. „Ich bin Armenierin", sagte sie. „Oder wenigstens, meine Mutter ist es." Daraufhin schlug ich das Lexikon auf und las erst einmal nach, wo Armenien lag. Bislang hatte ich nichts weiter gewusst, als dass es eine Armenische Sowjetrepublik irgendwo im Süden der Sowjetunion gab. Ich erfuhr, dass das historische Armenien jedoch viel größer war und dass heute große Teile davon zur Türkei und zum Iran gehörten. Über die Hälfte aller Armenier lebte wie die Juden in einer Diaspora im Ausland.

Da ich Pamela sehr gern mochte, begann ich weiter nachzulesen. Die Armenier wurden Anfang des Jahrhunderts im Osmanischen Reich, dem Vorläufer der Türkei, stark verfolgt, was während des Ersten Weltkriegs zu einem regelrechten Völkermord ausuferte. Pamelas Großeltern waren damals ins Ausland geflohen. Die Türkei erkannte den Völkermord nicht als solchen an und machte jede Menge Ausflüchte. Mir fiel meine Antigone-Lektüre ein und der politische Gerechtigkeitssinn, der sich dabei in mir entfaltet hatte.

Das Leiden des armenischen Volkes durch seine ganze Geschichte hindurch packte mich. Ich beriet mich mit einem türkischen Studienkameraden, der zu der Sache keine große Meinung hatte, und ich fand heraus, dass es auch für meine geringen finanziellen Mittel vielleicht nicht unmöglich war, wenigstens in die türkischen Teile, das Armenische Hochland, zu fahren. Der Gedanke bekam Hand und Fuß. Als ich dann eine Praktikantenstelle, auf die ich mich beworben hatte, nicht bekam, waren die Semesterferien im Sommer 1976 frei und ich nahm mir vor, für ein paar Monate in die östliche Türkei fahren.

Ich besorgte mir ein Türkisch-Lehrbuch und belegte einen Armenisch-Sprachkurs an der Freien Universität. Gerayer, der Lehrer, war Armenier aus dem Iran und selbst ein Geografiestudent. Er unterrichtete außer mir nur zwei weitere Leute und so konnte er sich auf meinen speziellen Wunsch einstellen, Westarmenisch zu lernen, das unter den Armeniern in und aus der Türkei gesprochen wurde. Natürlich musste ich zunächst die Hürde der fremden Schrift überwinden. Und da das Sprachenlernen nicht die einzige Reisevorbereitung war, kam mein Geologiestudium in diesem Semester etwas kurz. Aber es gelang mir erstaunlicherweise, mir in vier Monaten einen Abriss der armenischen Geschichte, der Geografie der Osttürkei und des übrigen Armeniens, sowie eine Grundlage der türkischen und der armenischen Sprache anzueignen. Gerayer warnte mich vor dem Fanatismus der Leute in der östlichen Türkei und riet mir, äußerst vorsichtig zu sein und mein Interesse dort für mich zu behalten.

In den Semesterferien, von Mitte Juli bis Mitte September, unternahm ich dann die Reise, die mir bedeutende Impulse gab und für vieles, was ich später tat, den Grundstein legte. Viel später schrieb ich dann, ausgehend von dem Tagebuch von jener Reise und weiteren Erlebnissen, mein Buch „Tränen am Ararat" (erschienen 2018/2019 bei Books on Demand).

*

Im darauffolgenden Herbst bekam ich endlich die obligatorische Praktikantenstelle, die ich im Jahr zuvor nicht bekommen hatte. Es war ein dreiwöchiges Praktikum bei der Prospektierungsfirma Prakla, das mir mein Vater vermittelt hatte. Es fand irgendwo im Alpenvorland statt. Wir machten seismische Untersuchungen, um die Struktur des Untergrunds im Hinblick auf mögliche Erdöllagerstätten zu erkunden.

Die seismischen Wellen wurden von drei Vibratorfahrzeugen erzeugt, die auf Straßen fuhren und sich in regelmäßigen Abständen hydraulisch auf einer metallenen Bodenplatte emporstemmten. Dann versetzte man die Bodenplatte in eine Vibration, die durch die Asphaltdecke auf den Untergrund übertragen wurde. Die reflektierten seismischen Wellen wurden von einer Reihe akustischer Geofone empfangen, die zuvor entlang eines geradlinigen Profils ausgelegt worden waren. Ein Messwagen, der mit den Vibratorfahrzeugen mitfuhr, steuerte die Vibratoren und registrierte die empfangene Wellen (mein Vater hatte die Datenübertragung zu diesem Zweck entwickelt). Alles war aufeinander abgestimmt, so dass man im Nachhinein ein Profil der geologischen Struktur des Untergrunds erarbeiten konnte. Die Messungen wurden nachts unternommen, wo es weniger akustische Störeffekte aus dem Umland gab.

Als Praktikant ließ man mich zwischen den verschiedenen Arbeitsgruppen rotieren, damit ich die verschiedenen Arbeitsgänge kennenlernen konnte. Die erste Woche lang war ich in der Mannschaft, die die Geofone und Geofonkabel nach Gebrauch wieder einsammelte. Es ging durch Wälder, über Wiesen und Weiden, über Bäche und Gehöfte.

Die zweite Woche lang war ich in der Nachtschicht, wo die Messungen durchgeführt wurden. Meine Hauptaufgabe war es, mit jemand anderem zusammen den Verkehr um die Vibratorfahrzeuge herum zu dirigieren. Einmal, als ich draußen stand und den Verkehr anhielt, fragte mich ein Autofahrer, was wir da machten – ob wir die Straßenfestigkeit untersuchten? „Nein", sagte ich, „wir suchen nach Erdöl." Da zeigte er mir einen Vogel und meinte: „Das können Sie jemandem erzählen, der keine Krempe am Hut hat!" Das habe ich ja gerade getan, dachte ich, aber sagte es nicht laut. Wir wechselten uns mit dem Dirigieren des Verkehrs ab. In der Zwischenzeit konnte ich im Messwagen sitzen und dem Techniker zuschauen. Von ihm lernte ich eine Menge.

In der dritten Woche war ich in der Mannschaft, die tagsüber die Geofone neu auslegte. Diese Arbeit war genauso anspruchslos wie das Einsammeln. Aber man war draußen im Freien und bewegte sich. Wir waren eine bunt zusammengewürfelte Truppe. Keiner von uns hatte viel mit den anderen gemeinsam und die Gespräche blieben oft belanglos. Am lustigsten war der Gruppenleiter, ein Spanier mit losem Mundwerk und hartem Akzent, der sich für die meisten von uns irgendwelche Namen ausdachte. Ein etwas intellektuell wirkender junger Mann, der sonst als Lehrer arbeitete, hieß bei ihm „Professor". Ein anderer, der immer wieder auf seine kühnen Wild-West-Erlebnisse bei Indianern in Kanada zurückkam, hieß „Canada Dry". Ich kann mich gar nicht erinnern, wie er mich nannte, daher war es sicher nichts Originelles.

*

Im Herbst hatten auch die Sandflöhe ihren zweiten Auftritt in der Aula der Schillerschule. Die Gruppe war auf acht Leute geschrumpft und klang nun viel einheitlicher. Pamela war leider nicht mehr dabei. Weiterhin spielten Dietmar und ich Gitarre und die anderen bildeten den Chor. Es war neu, dass nicht mehr alle Mitglieder sämtliche Lieder sangen. Wir hatten eine Menge Beiträge, die nur von kleineren Gruppen oder zu zweit vorgetragen wurden. Zu den englischen und französischen Liedern kamen nun auch ein paar spanische und italienische hinzu. Das alles trug zur Vielfalt während der Aufführung bei. Sie wurde ein voller Erfolg. Diesmal waren wir auch selbst wesentlich mehr mit dem Geleisteten zufrieden als beim ersten Mal.

*

In Berlin ging ich öfter von meiner Wohnung aus zum Spreeufer und in den Schlosspark, fotografierte Stimmungen bei verschiedenem Himmelslicht und lernte mithilfe eines Bestimmungsbuchs die Namen der verschiedene Bäume und Sträucher. Besonders war ich an Beeren und Früchten interessiert, die man essen konnte und die gewöhnliche Leute kaum kannten oder zumindest nicht aßen. Ich machte Marmelade, Gelee oder Saft aus Kornelkirschen, Traubenkirschen, Berberitzen, Weißdorn, Sanddorn und anderem. Manchmal traf ich mich mit Dietmar vor dem Frühstück zum Joggen im Schlosspark. Hinterher aßen wir dann bei einem von uns zusammen Frühstück.

Dietmar und ich verstanden uns in vieler Hinsicht gut. Es blieb nicht aufs Musizieren beschränkt. Nun begannen wir, gemeinsame Reispläne zu machen. Die Welt war so vielseitig und wir wollten beide viel von ihr sehen. Ich war mit Axel im Hohen Norden gewesen – aber nur im Sommer, wo wir mit Mücken zu kämpfen hatten und nicht so viel in unberührte Natur gekommen waren. Nun wollten Dietmar und ich ihn im Winter sehen, in der dunklen Zeit, wo die Sonne nicht aufging und die Nordlichter am Himmel flackerten.

Dietmar hatte in seiner Jugend Bücher von Jack London aus der Zeit des Goldrausches gelesen. Das wollten wir nachvollziehen – nicht mit teurer, moderner Ausrüstung, sondern wir wollten improvisieren. Wir besorgten uns alte Holzski und Parkas, nähten Kleidung aus Kaninchenfellen, die wir billig bekamen, und so weiter. Wir deckten uns mit Proviant ein, packten die Rucksäcke und nahmen zwei kleine Schlitten mit selbst angefertigten Zuggürteln mit. Gleich nach Weihnachten 1977 fuhren wir mit der Bahn nach Rovaniemi im nördlichen Finnland und übernachteten in einer Jugendherberge. Am Abend sahen wir schon vom Fenster aus die Nordlichter am Himmel tanzen. Am nächsten Tag fuhren wir mit dem Bus weiter in den kleinen Ort Lemmenjoki, wo unser zweiwöchiges Abenteuer im nordischen Wald begann (*siehe mein Buch „Jenseits der Welten, nördlich der Nacht", erschienen 2021 bei Books on Demand*).

Mein Hunger auf Abenteuerreisen war nicht mehr zu stillen. Aber ich bekam manchmal ein schlechtes Gewissen, weil ich zu viele Dinge unternahm, die mit meinem Studium nichts zu tun hatten. Deshalb nahm ich mir für die nächste Reise etwas vor, bei dem ich gleichzeitig Geologie lernen konnte. Bereits im März des gleichen Jahres, als die vorlesungsfreie Zeit begann, fuhr ich allein nach Schottland. Ich hatte mir eine Übersicht über Schottlands Geologie erarbeitet und wollte die verschiedenen Landschaften aus dem Blickwinkel des Geologen sehen – keine detaillierten Studien treiben, sondern mit dem Buch in der Hand die Landschaft kennenlernen. Ich fuhr mit der Bahn nach London und mit dem Bus nach Edinburgh, von wo aus ich teilweise trampte und bei Bedarf mit Bussen fuhr. Ich kam an die Ostküste bei Stonehaven, wo ich sowohl die roten devonischen Konglomerate des sogenannten „Old Red" kennenlernte als auch das malerisch auf einer Halbinsel gelegene Dunnottar Castle. Ich fuhr dann durch die Highlands, mit einem Aufenthalt bei Urquhart Castle am Loch Ness (wenn auch ohne das Monster zu sehen), auf die tertiären Lavaplateaus der Insel Skye und ins Grundgebirge der Outer Hebrides. Ich bekam einen Blick dafür, wie geologische Gegebenheiten die Landschaft prägten. Gleichzeitig begeisterte Schottland mich mit seiner mittelalterlichen

Hochlandromantik, die sich in den alten Schlössern und Burggemäuern spiegelte.

Im Frühjahr 1978 erhielt ich mein Vordiplom (dem heutigen Bachelor entsprechend).

Um diese Zeit herum hatte ich oft Besuch von einem Mädchen aus unserem Freundeskreis. Sie hieß Astrid und machte eine Ausbildung als Bibliothekarin. Sie wohnte allein bei ihrer Mutter und wollte zuhause nicht erzählen, dass sie einen ihrer Kurse schwänzte. Dann kam sie immer zu mir zum Frühstück und niemand merkte etwas. Manchmal trafen wir uns auch abends in einer Pizzeria. Sie machte immer einen etwas deprimierten Eindruck und hörte viel Musik von Leonard Cohen, was sicherlich eine ungesunde Kombination war. Aber sie machte später ihre Ausbildung fertig und bekam eine Arbeit, solange wir noch Kontakt hatten.

Im Sommer darauf nahm ich an meiner ersten Auslands-Exkursion meines Studiums teil. Wir fuhren mit einer Studentengruppe und einem wissenschaftlichen Assistenten für zwei Wochen ins französische Zentralmassiv, zu den erst vor wenigen tausend Jahren erloschenen kleinen Vulkanen der Châine des Puys und in die Kalksteinplateaus der Auvergne. Wir fuhren mit zwei oder drei universitätseigenen VW-Bussen und schliefen in verschiedenen Herbergen. Einmal im Vallée du Tarn saßen wir abends am Fluss am Lagerfeuer und spielten Gitarre. Das Geologiestudium gefiel mir immer mehr.

Herbst und Winter weihte ich meinen Studien. Ich musste nun etwas mehr für die Kurse arbeiten, die ich an der Universität belegte. Das Hauptstudium stellte nach und nach etwas mehr Anforderungen. Auch musste ich meine Diplom-Kartierung durchführen. Damals gehörte eine geologische Kartierung noch zum obligatorischen Teil des Geologiestudiums. Daher finde ich es heute immer noch etwas unverständlich, wenn ich jüngere Geologen treffe, die nicht kartieren können. Ich machte meine Diplom-Kartierung im Herbst 1978 in der Nähe von Salzgitter an den Aufwürfen eines Salzstocks. Als Transportmittel hatte ich mein Fahrrad dabei, aber musste auch etwas auf Feldern und Wiesen sowie im Wald umherlaufen. Teilweise musste ich eine schwere, anderthalb Meter lange Bohrstange und einen Vorschlaghammer dabeihaben, um bei Tonböden in die unverwitterten Bereiche zu gelangen und diese beurteilen zu können.

Inzwischen hatten die Sandflöhe sich weiterentwickelt, waren zahlenmäßig noch etwas weiter geschrumpft und richtig gut geworden. Die Teilnahme erforderte inzwischen eine Menge Üben und Proben und ich hatte neben meinen anderen Tätigkeiten nicht mehr richtig die Zeit dazu. Zwar probten sie noch manchmal bei mir zuhause, sowie auch bei anderen von uns, aber ich machte nur noch als Gast bei wenigen Stücken mit. Ansonsten half ich bei den praktischen Vorbereitungen und machte Tonaufnahmen während des nächsten Auftritts in einem Jugendfreizeitzentrum, das bei Dietmar in der Straße lag.

Die Winterreise mit Dietmar ins nördliche Finnland während der Winternacht hatte bei uns den Drang nach weiteren ausgelöst. Allerdings wollten wir die Gegend einmal im Spätwinter bei Sonnenlicht sehen, wo man die Tage besser nutzen konnte. Sobald die vorlesungsfreie Zeit Anfang März 1979 begann, setzten wir wieder mit der Fähre nach Helsinki über und stiegen dann in den Zug nach Norden. Die Skier ließen wir zuhause und nahmen stattdessen Schneeschuhe mit. Sie waren aus Bambus und Lederriemen hergestellt und erwiesen sich als sehr nützlich im Wald und in unwegsamem Gelände. Wir machten eine lange Wanderung im Urho-Kekkonen-Nationalpark im Oulanka-Gebiet, wobei wir fast bis an die russische Grenze gelangten. Eine weitere unternahmen wir im finnisch-norwegischen Grenzgebiet bei Enontekiö (*siehe mein Buch „Jenseits der Welten, nördlich der Nacht", erschienen 2021 bei Books on Demand*), fuhren an die Nordmeerküste bei Øksfjord und dann wieder südwärts durch Finnland. Die einsame nordische Natur zog mich mehr und mehr in ihren Bann.

Während der vorlesungsfreien Zeit im Sommer lief die nächste Geologie-Exkursion. Diesmal ging es nach Spanien in die Nähe von Alicante, wo wir uns tertiäre Sedimentgesteine anschauten. Wir zelteten auf einem Campingplatz. Zwei unserer Professoren waren dabei. Ich erinnere mich an eine kurze Episode in einem Supermarkt, wo wir am ersten Tag einkauften und wo ich mit zwei anderen Studenten einen Einkaufswagen mit Obst und Gemüse vollgepackt hatte. Alles war vollkommen frisch, für unsere Verhältnisse billig und wir freuten uns auf den Schmaus später bei den Zelten. Dann trafen wir die beiden Professoren mit ihrem Einkaufswagen. Dort lagen ein paar armselige Konservendosen. Als sie sahen, wie wir uns darüber amüsierten, lachten auch sie. Als wir ein wenig später wieder an ihnen vorbeikamen, hatten sie die Konservendosen mit frischen Früchten und frischem Gemüse ausgetauscht. Manchmal lernen eben Professoren auch von ihren Studenten.

Auch auf dieser Exkursion fuhren wir in kleinen VW-Bussen. Bei mir im Bus saß ein junges Mädchen, das mir gefiel und ich versuchte, näher mit ihr bekannt zu werden. Allerdings bekam ich dabei Konkurrenz. Nach einiger Zeit des Vorfühlens gewann der andere und die beiden zogen gemeinsam in ein Zelt. Einmal entschuldigte sie sich fast bei mir unter vier Augen und sagte, es wäre ihr nicht leicht gefallen sich zu entscheiden, was ich unheimlich lieb fand. – Bei einer kürzeren Exkursion im Herbst irgendwo in West-Deutschland gab es wieder eine Studentin, die mir gefiel, und derselbe Mitstudent wollte sie mir wieder streitig machen. Diesmal aber ging ich auf den Kriegspfad und gab ihm deutlich zu verstehen, dass er durchschaut war. Er ging mir daraufhin aus dem Weg und diesmal siegte ich. Dieses Mädchen hieß Nicola und wir sollten daraufhin etwa vier Jahre lang zusammen bleiben.

*

Während des Jahres 1979 geschahen verschiedene Dinge – nicht nur, dass ich meine erste feste Freundin bekam. Ich war mehrfach ein wenig krank, einmal mit einer Lungenentzündung, die ich mir absolut nicht erklären konnte. Sie ging zwar durch Behandlung mit Antibiotika vorüber, aber im Winter merkte ich immer mehr, wie schlecht die Luft in Berlin war – durch Autoabgase (man hatte noch keine Katalysatoren), Kohleheizungen in den meisten alten Mietshäusern und viel Industrie. Ich hatte das Gefühl, ich müsste nach dem Studium fortziehen. Ich war inzwischen ein wenig herumgekommen und mich faszinierte in erster Linie der Norden. Während ich mit der Lungenentzündung zu tun hatte, las ich ein Buch über die Pionierzeit der Polarforschung und ein solches Leben übte eine enorme Anziehungskraft auf mich aus.

Trotzdem – vorerst führte ich mein bisheriges Studentenleben weiter fort. Ich machte auch bei Info-Veranstaltungen über die Situation der Armenier in der Türkei und den Völkermord mit. Die Sandflöhe hatten einen neuen Auftritt in einer Kneipe, die „Notausgang" hieß. Ich traf mich weiterhin mit meinen Freunden und wir gingen weiterhin in Folk-Kneipen.

Ich bereitete mich auf meine Diplomarbeit vor und fand einen Professor, der sich bereit erklärte, mich mit einem Thema über Norwegen zu betreuen. Mein Vater kaufte mir einen alten VW Käfer, den ein ehemaliger Schulkamerad von mir loswerden wollte. Damit fuhr ich im Sommer 1980 in die Telemark nach Norwegen, wo ich Profile beschrieb und Gesteinsproben nahm. Der Gedanke in den Norden umzusiedeln – vielleicht erst einmal nur, um meine Doktorarbeit an einer Universität in einem der nordischen Länder zu schreiben, setzte sich langsam bei mir fest.

Dabei spielten vielleicht die Lage West-Berlins und die Mauer auch eine, wenn auch untergeordnete, Rolle. Die Grenzüberquerungen liefen nun glatt über die Bühne und waren an sich kein Problem mehr. Aber die traurige Tatsache, dass man nicht einfach einen kleinen Ausflug aus der Stadt in die ländliche Umgebung und auf die Dörfer machen konnte, blieb bestehen.

Opi und Tante Grete, die ja nun beide Rentner waren, besuchten uns in Abständen zuhause. Einige wenige Male fuhr ich auch allein auf Besuch zu ihnen in den Osten und einmal übernachtete ich sogar dort. Sie waren inzwischen in eine kleinere Wohnung in der Friedrich-Engels-Straße 51 umgezogen. Dabei erzählte mir Opi viel von seiner Jugend und seinen Kriegserlebnissen. Diese Dinge schrieb er ja später auch nieder und ich habe sie am Anfang dieses Buches zu vermitteln versucht. Aber er schwärmte mir immer noch vom Sozialismus vor und versuchte mich davon zu überzeugen, dass das alles idealistische Menschen waren und dass die Unfreiheit, die sie im Osten dafür in Kauf nehmen mussten, nötig war, um den Fortbestand des Sozialismus gegenüber dem selbstsüchtigen und profitgierigen Kapitalismus zu verteidigen. Irgendwie war das ja auch alles logisch, nur der Gedanke, dass die Herrschenden im Osten genauso selbstsüchtig waren – wenn auch weniger offensichtlich – kam ihm gar nicht. Und für alles, was im Osten nicht gelang, wurden entweder die Agitation des Klassenfeindes im Westen oder die schlechtere Wirtschaftslage in der Schutzmacht Sowjetunion (im Vergleich zu der in den USA) verantwortlich gemacht. Ansonsten war er ein lieber Mensch, der wirklich glaubte, was er da erzählte.

Einmal war Opi bei mir in der Wohnung in der Thrasoltstraße. Ich machte Mittagessen, zeigte ihm Lichtbilder von meinen Reisen in den nordischen Ländern und spielte ihm auf der Gitarre vor. Er war offensichtlich beeindruckt vom Studentenleben im Westen und sagte, er zweifelte nicht daran, dass ich meinen Weg durchs Leben meistern würde. Dann meinte er, ich sollte meine Fähigkeiten dazu benutzen, dem Kapitalismus von innen heraus zu schaden. Auch wenn ich sonst Verständnis für seine Position aufzubringen versuchte, da er ja wirklich an alles glaubte, nahm ich ihm diese letzte Bemerkung insgeheim doch übel. Gegen Unrecht, wo immer es auftrat, konnte man offen vorgehen, aber nicht durch heimliche Sabotage gegenüber denen, die einem das Leben ermöglichen.

*

Mein Studium näherte sich dem Ende. Nach der Geländearbeit in der Telemark in Norwegen, im Sommer 1980, gelang es mir noch, auf eine dritte Auslandsexkursion mitzukommen, die gar nicht mehr obligatorisch war. Es war eine vulkanologische Exkursion, bei der wir alle aktiven Vulkane in Italien besuchten – den Vesuv, die Phlegräischen Felder, den Stromboli, Vulcano und den Ätna. Überall besuchten wir die Lavaströme, Aschenfelder und Gipfelkrater. Auf dem Stromboli bekamen wir eine Anzahl der ständigen, kleineren Ausbrüche mit – zum Schluss mit malerisch orange leuchtenden Lavafontänen vor dem dunklen Abendhimmel. Auf dem Ätna schauten wir in den gähnenden, atmenden Schlund des Zentralkraters und liefen auf einem nur vier Tage alten Lavastrom am Nordostkrater. Nicola war auch dabei. Sie lag ein Jahr hinter mir im Studium.

Für mich hatte inzwischen das letzte Jahr meines Studiums begonnen. Eigentlich wäre es möglich gewesen, es nach fünf Jahren mit dem Diplom abzuschließen, und darauf zielte dann auch die nach mir eingeführte Regelstudienzeit ab. Aber ich war froh, ein Jahr mehr Zeit zu haben, denn ich konnte ein paar weitere interessante Fächer belegen. Das Verständnis wurde auch tiefer, wenn man etwas länger Zeit hatte, es auszubilden. Außerdem gab mir das die Zeit, mich mit meinen anderen Interessen zu befassen. In Minimalzeit durch einen Studiengang zu eilen, spart zwar Zeit und Geld, bildet aber sicherlich nicht die besten Fachleute aus.

Ab dem Jahreswechsel 1980/81 hatte ich keine weiteren Vorlesungen oder Kurse und ich legte mir ein Lernprogramm zurecht, das ich dann die verbleibenden drei Monate lang durchhielt. Ich ging meine Notizen und die wichtigen Buchkapitel durch und machte systematische Notizen, auf die ich mich dann im zweiten Durchgang beschränkte. Jeden Tag hatte ich mein Tagespensum und immer, wenn ein Thema davon durchgearbeitet war, gönnte ich mir zur Belohnung und zur Entspannung, eine halbe Stunde lang etwas Nicht-Fachliches zu tun. Anfang April bestand ich die mündliche Diplomprüfung mit einem recht guten Resultat.

*

Als krönenden Abschluss meiner Studienzeit hatten Nicola und ich schon seit einiger Zeit geplant, zusammen nach Island zu reisen und dafür Geld gespart. Da ich nach meiner Abschlussprüfung frei war, während sie noch Vorlesungen hatte, fuhr ich zunächst im Juni schon auf eigene Faust nach Nord-Schweden, wo ich dem etwas entlegenen Sarek-Nationalpark einen Besuch abstattete. Dort kam ich aber wegen der Schneeverhältnisse nicht so weit, wie ich wollte. Ich trampte dann nach Oslo, wo ich Anfang Juli Nicola traf. Wir fuhren zusammen nach Bergen und nahmen von dort das färöische Fährschiff Smyrill über die Färöer-Inseln nach Island, wo wir zwei Monate lang umher reisten und interessante Stellen besuchten, während wir meist im Zelt wohnten und uns je nach Möglichkeit durch Trampen oder mit Bussen fortbewegten. Mehrere längere Wanderungen waren dabei, darunter eine dreitägige Tour mit geliehenen Pferden (*siehe mein Buch „Jenseits der Welten, nördlich der Nacht", erschienen 2021 bei Books on Demand*). Im September ging es wieder über die Färöer-Inseln zurück aufs europäische Festland, diesmal aber nach Schottland, wo wir noch ein paar Wochen dranhängten.

*

Natürlich waren auch die späten siebziger Jahre von politischen Ereignissen im Westen geprägt. Die Zeit des RAF-Terrors setzte sich fort. Anwälte der inhaftierten Mitglieder der Roten-Armee-Fraktion halfen als Mittelmänner beim Aufbau einer zweiten Generation der RAF außerhalb der Gefängnismauern. Nachdem es ihnen durch die Geiselnahme eines Politikers gelang, einige der Gefangenen freizubekommen, wurden Schlag auf Schlag Terroranschläge durchgeführt, die zu einer Reihe Todesopfern führten. Als im September 1977 die Entführung einer Lufthansa-Maschine nach Mogadischu scheiterte, die die Freilassung der Mitglieder der Kerngruppe erzwingen sollte, begingen diese gemeinschaftlichen Selbstmord. Sympathisanten der Gruppe stellten die Todesfälle als Staatsterror hin. Sofort im Anschluss wurde der damals entführte Arbeitgeberpräsident Schleyer von seinen Entführern umgebracht. Weitere Anschläge folgten, aber die meisten der RAF-Mitglieder wurden bis Anfang der achtziger Jahre gefasst. Eine dritte Generation der RAF verübte jedoch Anschläge bis in die neunziger Jahre hinein.

An den Universitäten war es schon vor meiner Studienzeit ruhig geworden und es blieb weitgehend so. Viele Westdeutsche studierten in West-Berlin, weil sie dort sicher vor der Einberufung zur Bundeswehr waren. Dem Viermächteabkommen zufolge durfte es weiterhin in West-Berlin kein deutsches Militär geben. Auch andere junge Leute waren schon seit langer Zeit aus dem gleichen Grund nach West-Berlin gegangen und es bildeten sich verschiedene Szenen im Bereich von Kunst und Musik, wie zum Beispiel das SO36 in Kreuzberg. Auch die Schwulen- und Transvestiten-Szenen florierten und zogen weitere Menschen an.

Eine andere Ursache der Zuwanderung waren die sogenannten „Gastarbeiter" – Arbeitsmigranten, die die deutsche Wirtschaft benötigte, aus einer Reihe von Ländern, mit denen Deutschland entsprechende Abkommen hatte. Die Kriegsgeneration fehlte dem Land. Die augenfälligste Gruppe von Migranten kam aus der Türkei und prägte nach und nach das Stadtbild einiger Bezirke, besonders derer, die den billigsten Wohnraum mit dem schlechtesten Standard hatten. Teile von Kreuzberg wurden „Klein-Anatolien" genannt. Aber auch aus Jugoslawien, Griechenland, Spanien und Italien kamen große Gruppen von Arbeitern.

Es war nicht sehr lukrativ, für alle diese Zuwanderer bezahlbaren Wohnraum zu schaffen. Alte Mietskasernen, die oft auch noch Kriegsschäden hatten, verfielen mehr und mehr und wurden mit dem Ziel der Flächensanierung „entmietet". Sie sollten abgerissen und durch Neubauten ersetzt werden. Aber das ließ auf sich warten und der Wohnraum wurde unmittelbar benötigt.

Daraus entstand die Hausbesetzerszene der siebziger Jahre, die aber bis in die frühen achtziger anhielt. Eigentlich begann sie in Frankfurt, nahm aber in Berlin besondere Ausmaße an. West-Berlin war mit der Wohnungsnot besonders betroffen, da man wegen der Mauer nicht aufs Umland ausweichen konnte. Im Bezirk Kreuzberg war es am schlimmsten. Gruppen von meist jugendlichen Wohnungssuchenden besetzten leerstehende Gebäude und begannen, sie aus eigenem Antrieb instand zu setzen. Begriffe wie „Kaputt-Besitzer" und „Instand-Besetzer" entstanden. Zunächst ging das eine Weile lang ruhig vor sich. Die Lage eskalierte erst 1980-81, als einige Gruppen militanter wurden und sich Ausweisungen widersetzten. Die Polizei reagierte auf brutale Weise und es kam zu regelrechten Straßenschlachten. Als 1981 ein Demonstrant während eines Polizeieinsatzes von einem Bus überfahren und getötet wurde, besannen sich beide Seiten. Die Zahl der Hausbesetzungen, die auf 160 gestiegen war, nahm ab. Einige Besetzungen wurden durch Verträge legalisiert. Viele „Kieze" (Berliner Bezeichnung für Wohnviertel), die abgerissen werden sollten, wurden stattdessen saniert.

*

Nach dem Sommer 1981 bekam ich einen stundenweise bezahlten Job bei einem meiner ehemaligen Professoren, der auf die stereoskopische Luftbildanalyse einer Gegend am Golf von Suez abzielte. Es ging um Erdöl-Prospektierung. Ein iranischer Stipendiat und ich arbeiteten am gleichen Projekt. Wir hatten Schwierigkeiten damit, die von anderen durchgeführten Geländedaten auf das zu übertragen, was wir auf den Luftaufnahmen sahen und daraus Karten anzufertigen. Die Resultate waren sicherlich entsprechend unsicher. Wir bekamen aber nie eine Respons auf unsere Arbeit. Alles in allem war es ziemlich wenig zufriedenstellend. Der Dialog zwischen den verschiedenen Arbeitsgruppen fehlte vollkommen. Ich lernte daraus, wie man es nicht tun sollte. Aber ich verdiente mir mit dem Job einiges an Geld, was eine willkommene Rückendeckung für mein nächstes Vorhaben war, nämlich mir im Ausland eine Doktorarbeit zu suchen.

"Instandbesetztes" Miethaus in Kreuzberg, 1982

Die Berliner Mauer durch Kreuzberg, 1982

8. Kapitel

AUSLANDSZEIT UND MAUER-FALL

Die achtziger Jahre

Die achtziger Jahre brachten tiefgreifende Veränderungen – zunächst für mich und mein Leben und etwas später dann auch für die Weltgeschichte.

Während ich im Herbst 1981 und im darauffolgenden Frühjahr an der Universität weiterhin an der Luftbildanalyse des Golfes von Suez arbeitete, schrieb ich verschiedene Universitäten in Skandinavien an und bekundete mein Interesse, dort eine Doktorarbeit zu schreiben. Ich hatte die Möglichkeit, im Rahmen des Suez-Projekts an der TU Berlin eine Doktorandenstelle zu bekommen, aber sagte dankend ab, während ich noch die nordische Alternative untersuchte.

Wie immer kamen auf einige Anfragen gar keine und auf andere negative Antworten. Dann plötzlich während des Winters erhielt ich einen Brief von einem Professor an der Osloer Universität, der bereit war, mich im Rahmen des dort laufenden Nordland-Projekts mit meiner Doktorarbeit zu betreuen. Als Finanzierung konnte man ein zweijähriges Stipendium für deutsch-norwegische Kooperation beantragen, das von der deutschen Erdölfirma Deminex im Rahmen des Konzessionsvertrags für Schürfrechte auf dem norwegischen Kontinentalsockel bereitgestellt wurde. Er erklärte sich auch dazu bereit, den Antrag zu unterstützen. Es dauerte kaum ein paar Monate, bis wir eine Projektskizze erstellt hatten und der Antrag auf das Stipendium durch war. Alles lief wie am Schnürchen. Ich hatte ein Forschungsprojekt mit Geländearbeit in den norwegischen Bergen und eine Finanzierung für die ersten zwei Jahre sicher!

Mein deutscher Professor, der mir die Doktorarbeit im Suez-Projekt angeboten hatte, sagte mir später einmal, dass es ihm sehr imponiert hatte, dass ich meinen eigentlichen Interessen folgend eine sichere Doktorandenstelle abgelehnt hatte. Natürlich war es ein Risiko. Als junger Mensch ist man aber viel eher bereit, Risiken einzugehen, als später, wenn man älter wird.

Es gibt sicherlich viele Gründe dafür, dass ich aus Berlin fort gehen wollte. Mit meinem Interesse für weitläufige Natur fühlte ich mich im ummauerten Berlin eingeengt. Die Luft war schlecht, das Stadtleben hektisch. Auf Jahre hinaus würde ich den gleichen Weg zur täglichen Arbeit haben. Internationale Erfahrungen würden von Nutzen sein. Aber der eigentliche Grund war, dass ich es so wollte und es für richtig empfand. In Norwegen würde sich mein Leben ändern. Es waren Abenteuerlust und Spannung damit verbunden.

In den letzten Jahren war ich einige Male in Norwegen gewesen. Mein Dänisch-Lernen als Siebzehnjähriger hatte bei mir den Grundstein für skandinavische Sprachen gelegt. Beim Lesen eines Sprachlehrbuchs für Norwegisch hatte ich mir die wichtigsten Unterschiede zwischen Dänisch und Norwegisch klargemacht. Den Klang der Sprache hörte ich auf meinen Reisen. Mein Dänisch war seitdem immer norwegischer geworden. Trotzdem fragten mich viele Norweger noch lange, ob ich Däne sei, bis der dänische Akzent schließlich fort war und der deutsche wieder durchkam.

Mitte Juni war eine Exkursion von der Osloer Universität im Rahmen des Nordland-Projekts mit allen involvierten Studenten geplant. Da sollte ich dabei sein und dann gleich die erste Geländesaison in meinem Arbeitsgebiet in Helgeland (südliches Nord-Norwegen) anschließen. Später dann, ab dem Herbstsemester, würde ich beginnen, die obligatorischen fortgeschrittenen Kurse an der Uni zu belegen. Aber es waren noch ein paar Monate Zeit, in denen ich in Berlin weiter mit meiner Luftbildanalyse Geld verdiente, um meine finanzielle Rückendeckung zu vergrößern. Gleichzeitig bereitete ich den Umzug vor.

Während des Frühjahrs fiel mir plötzlich ein, dass mir etwas fehlte: Ich würde ins Ausland gehen und den Leuten dort erzählen, dass ich aus dem geteilten Berlin kam, von dem natürlich alle gehört hatten, aber das sicherlich nur von wenigen besucht wurde. Ich hatte jede

Menge Bilder von meinen Reisen, aber fast keine aus Berlin, die ich vorzeigen konnte – abgesehen von den Bäumen und Stimmungen im Schlosspark!

Daher ging ich eines schönen Tages auf Fotosafari in meiner Heimatstadt – nicht so sehr ins Zentrum mit dem Funkturm, der Siegessäule, dem Kudamm und der Gedächtniskirche, sondern nach Kreuzberg. Ich machte Bilder von der Mauer, dem Todesstreifen, den man von den Hochständen aus überblicken konnte, dem Graffiti, den zerfallenen Häusern von Klein-Anatolien, den Läden und Buden mit ihren türkischen Namen, den Fahnen, die mit der Aufschrift „Instand-besetzt" aus den Fenstern der verkommenen Häuser hingen, und von der schäbigen Fassade des umstrittenen Punk-Clubs SO36. Das war das Berlin, das nur zwanzig Minuten Fahrt mit der U-Bahn entfernt lag, von dessen Existenz wir natürlich wussten, ohne dass es ein Teil unseres täglichen Lebens war und zu dem wir eigentlich gar keinen richtigen Bezug hatten.

*

Um die Monatswende Mai-Juni fuhr ich gen Norden. Noch behielt ich meine Wohnung in der Thrasoltstraße, weil ich in Oslo noch keine Bleibe hatte und meine Sachen noch nicht alle mitnehmen konnte. Ich stieg in meinen VW Käfer und fuhr über die Transitstrecke durch die DDR, wie schon mehrfach zuvor, nach Warnemünde. Als ich auf der Fähre nach Dänemark stand und in der sich langsam senkenden Nachmittagssonne über die Ostsee spähte, hatte ich zum ersten Mal ein ganz anderes Gefühl dabei. Die See sollte mich von nun an von meiner Heimatstadt Berlin trennen. Nur einmal noch würde ich im Herbst kommen und den Rest meiner Sachen holen, dann meine Wohnung aufgeben und von dann an nur noch auf Besuch kommen. Ob für nur einigen Jahre, für sehr lange oder für immer, wusste ich nicht. Am Horizont im Norden lagen die Abenteuer der Zukunft – im Süden meine Vergangenheit in der geteilten Stadt.

Am 2. Juni 1982 kam ich in Oslo an. Ich wohnte die erste Woche in einem Zimmer im Studentenwohnheim Kringsjå und machte mich mit der Universität bekannt. Dann fuhr ich gen Norden, wobei ich mir viel Zeit nahm und Umwege durch Gegenden machte, die ich noch nicht kannte. Mitte Juni traf ich im Ort Hattfjelldal auf die Studentengruppe mit meinem neuen Doktorvater. Sie wohnten in kleinen Hütten mit offenem Kaminfeuer auf einem Campingplatz, wo von vornherein eine offene, gemütliche Stimmung herrschte. Nach der einwöchigen Geologie-Exkursion durch die weitere Umgebung fuhr ich auf einen Bauernhof, wo eine dem Projekt angegliederte Prospektionsfirma für mich eine kleine Wohnung gemietet hatte. Dort wohnte ich knappe drei Monate lang und ging bei fast allen Wetterverhältnissen in die Berge zum Kartieren und Untersuchen der Gesteine. Fast nie traf ich irgendjemanden. Eine ganz neue Zeit begann, ein vollkommen anderes Leben.

Bei meiner Rückkehr nach Oslo Mitte September konnte ich in meine vorläufige neue Bleibe ziehen, eine Familienwohnung im Studentenwohnheim Sogn. Die Familienwohnung bekam ich, weil Nicola nach ihrem Studienabschluss im folgenden Jahr nachkommen sollte. Die Miete schluckte nur 30 % meines Stipendiums, womit das geradeso ausreichte und ich meine Reserven nicht anzugehen brauchte. Später hatte ich auch Gelegenheit, an der Universität zu arbeiten und Geld hinzuzuverdienen.

Bald unternahm ich noch eine Reise mit der Eisenbahn nach Berlin, wo ich einen Transporter mietete, mit dem ich mein restliches Hab und Gut nach Norwegen verfrachtete. Nicola kam bald darauf nach, nachdem sie ihre Diplomprüfung absolviert hatte. Wir trennten uns aber nach einem weiteren Jahr und ich zog in eine gewöhnliches Studentenzimmer um.

Noch vier weitere Sommer lang war ich in der Gegend bei Hattfjelldal mit der Geländearbeit für meine Doktorarbeit und zum Schluss mit einer Kartierung für den norwegischen geologischen Dienst (NGU) beschäftigt. Ich genoss das Leben in den Bergen. Aber das ist eine andere Geschichte, die nicht hier erzählt werden soll.

*

Während der achtziger Jahre war ich ein- bis zweimal im Jahr in Berlin zu Besuch bei meinen Eltern und meinem Bruder. Dieser fing bald an, Verfahrenstechnik zu studieren. Natürlich traf ich mich bei diesen Gelegenheiten auch mit meinem Freundeskreis oder einzelnen von ihnen. Mit Opi wechselte ich während meiner Studienzeit in Oslo Briefe. Ich traf ihn vielleicht insgesamt ein oder zweimal während meiner Berlin-Besuche in den achtziger Jahren, wenn es gerade so passte, dass er nach West-Berlin kam. Er und Tante Grete gaben inzwischen ihre Wohnung auf und zogen in ein Zimmer für Ehepaare im sogenannten Feierabendheim Berlin-Buch.

Das Fliegen war damals zu teuer für meine Verhältnisse. Im Allgemeinen reiste ich nach Berlin mit der Eisenbahn, nur ein oder zweimal mit dem Auto. Der alte VW Käfer hielt noch fast alle fünf Sommer in Hattfjelldal durch, nämlich bis 1986, als er mir unter den Füßen wegrostete und bei einer Kontrolle in Nord-Norwegen aus dem Verkehr gezogen wurde. Ich musste auf der Stelle einen anderen Gebrauchtwagen kaufen, um weiter arbeiten und mit all meinen Sachen zurück nach Oslo fahren zu können.

*

Während der ersten Jahrzehnte nach dem Krieg waren Deutsche in Norwegen absolut nicht gern gesehen. Nazi-Deutschland hielt Norwegen von 1940 bis Kriegsende besetzt, richtete eine Vasallenregierung ein, schlug allen Widerstand brutal nieder, deportierte die norwegischen Juden in Konzentrationslager auf dem Kontinent, richteten Widersacher hin und brannten den nördlichen Teil des Landes vollkommen nieder, als die Wehrmacht am Ende vor den einmarschierenden Russen floh. Sympathisanten der Nazis, die Oppositionelle oder Widerstandsleute verraten hatten, wurden nach dem Krieg hingerichtet.

Es brauchte Zeit, die Wunden zu heilen und einzusehen, dass die durchschnittliche deutsche Bevölkerung sich nicht unbedingt mit dem Nazismus identifizierte und dass nach und nach neue Generationen heranwuchsen, die zur vollkommenen Ablehnung des Nazismus erzogen wurden.

Noch aus den sechziger Jahren hörte ich Geschichten, wo in Norwegen Deutsche verbal angegriffen wurden. Ich war seit 1975 immer wieder im Lande und hatte nie etwas Entsprechendes erlebt, nicht einmal unter der Bevölkerung im Norden, ob norwegisch oder samisch, die 1945 unter haarsträubenden Umständen evakuiert wurde und deren Ortschaften dem Boden gleich gemacht wurden, um die russische Armee aufzuhalten.

Einmal jedoch erzählte mir ein älterer Mann von einem ebenfalls älteren Deutschen, der von Norwegen schwärmte, weil er es als Soldat im Krieg kennengelernt hatte und das Land wunderschön fand. Da riss ihm wohl der Geduldsfaden. Die Norweger sehen die deutsche Besatzungszeit natürlich als ein Verbrechen ihrem Volk gegenüber an. Das war vielen deutschen Soldaten, die dort stationiert waren, ohne in irgendwelche Kampfhandlungen verstrickt gewesen zu sein, gar nicht so klar.

Nicht selten hatten sie sogar ein gutes Verhältnis zur Lokalbevölkerung. Nicht wenige machten norwegische Mädchen schwanger. Diese Frauen hatten nach dem Krieg eine schwierige Zeit, weil sie oft mit ihren Kindern aus der Gemeinschaft ausgestoßen wurden. Viele sahen sich gezwungen, nach Deutschland auszuwandern und nach dem Vater ihres Kindes zu suchen.

Die Mutter meiner norwegischen Lebensgefährtin, Randi, wuchs in Nord-Norwegen, in der Nähe von Tromsø auf. Nachdem sie ihre siebenjährige Schulzeit beendet hatte, arbeitete sie auf verschiedenen Bauernhöfen. Sie war beim Einmarsch der Wehrmacht erst 16 Jahre alt. Während des Krieges arbeitete sie eine Zeitlang auf einem Bauernhof bei Sagelvvatn. Sie erzählte, dass oft junge deutsche Soldaten auf den Hof kamen. *„Die waren keine Nazis",* sagte sie einmal zu mir, *„die waren junge zur Wehrmacht Einberufene, die nichts dafür konnten, dass sie zu uns geschickt wurden und sich nach Hause sehnten. Sie waren immer sehr freundlich. Die Bäuerin servierte ihnen manchmal etwas Essen, weil sie sonst von strengen Rationen leben mussten."* Allerdings fanden sie nach dem Krieg eine große Nazi-Flagge im Hof, von der offenbar vorher niemand etwas gewusst hatte. Da schlich sich der Verdacht ein, dass die Bauersleute vielleicht Sympathisanten der Nazis gewesen sein könnten. Vielleicht war die Flagge auch nur beim Abzug der Deutschen dort versteckt worden. Darüber erfuhr man nichts mehr. Jedenfalls herrschte nach dem Krieg große Knappheit an allem und die Flagge wurde zu Kleidung verarbeitet. Randis Mutter erinnerte sich, dass das Hakenkreuz entfernt und aus dem roten Stoff Röcke genäht wurden.

Solche Geschichten kamen allerdings erst in jüngerer Zeit zur Sprache. In Randis Jugend wurde nie viel über den Krieg gesprochen und es waren eher alltägliche Dinge, die die Aufmerksamkeit auf sich zogen. Jedoch blätterten sie oft in Büchern über die norwegischen Kriegsgefallenen, die nach dem Krieg an alle Familien, die jemanden verloren hatten, ausgeteilt wurden. Es waren vier dicke Bände. Randis Familie erhielt die Bücher, weil einer ihrer Onkels väterlicherseits noch in jungen Jahren als Matrose von deutschen Soldaten unter unklaren Umständen erschossen wurde, als er vor einem Schiff der Hurtigruten Wache stand.

Anfangs in Norwegen war ich vorsichtig damit, zu sehr auf meine deutsche Nationalität aufmerksam zu machen und versuchte mich so gut wie möglich anzupassen. Es war mir peinlich, wenn ich Besuch von Freunden oder von meinen Eltern hatte und diese auf der Straße zu laut deutsch sprachen. Aber es geschah nie etwas und ich bemerkte auch keine argwöhnischen Blicke. Die Zeiten hatten sich wohl geändert.

Später, als ich meinen Doktorgrad hatte und ab 1987 am Norwegischen Polarinstitut arbeitete, war dort noch der pensionierte, langjährige Direktor des Instituts, Tore Gjelsvik, der auch von seiner Ausbildung her Geologe war. Gjelsvik war im Krieg im Widerstand gegen die Nazis aktiv gewesen, hatte lange eine leitende Position in der zivilen Abteilung der Heimatfront und hielt sich unter falschen Namen an wechselnden Orten auf. Einmal wurde er von der Gestapo entlarvt und konnte gerade noch fliehen, wobei er von einer Kugel verletzt wurde. Aber nicht ein einziges Mal spürte ich irgendeine Voreingenommenheit mir als Deutschem gegenüber, trotz seiner Kriegserlebnisse.

*

Tante Lotte sah ich kaum noch, seitdem ich in Norwegen wohnte. Schon vorher, seit sie nach Bad Brückenau gezogen war, war es seltener geworden. Zweimal besuchte ich sie dort und nur sehr wenige Male kam sie nach Berlin. Aber in Norwegen brach der direkte Kontakt fast ab und wir hörten voneinander eigentlich nur über meine Mutter.

Einmal, im Herbst 1989, als ich mit einer Freundin in Nord-Norwegen war, erlebte ich ein berauschendes Nordlicht. Wir standen wie gebannt in der Nacht und starrten auf eine riesige Blume am nächtlichen Septemberhimmel, die ihre Blütenblätter öffnete und uns mit ihnen umhüllte. Ein paar Tage später hörte ich, dass Tante Lotte in jener Nacht gestorben war. Ich begann an die Legende zu glauben, dass die Nordlichter die Seelen der Toten seien.

*

Mein Leben hatte mit dem Umzug nach Norwegen 1982 seine Richtung geändert. Diese neue Richtung wurde konsolidiert, als ich 1987 eine Forscherstelle am Norwegischen Polarinstitut bekam, mit der ich auf etliche Jahre hinaus mein Forschungs- und Kartiergebiet nach Spitzbergen verlegte (*siehe mein Buch „Weiße Nächte", erschienen 2021 bei Books on Demand*).

Dann, 1989, änderte sich auch die Lage in der Welt, am entscheidendsten in Europa. Schon während des Frühjahrs geschahen ein paar Dinge, die nicht unbedingt Vorboten für eine Veränderung zu sein brauchten. Ich bekam sie auch gar nicht so richtig mit, da ich ja weit vom Ort des Geschehens war. Außerdem hatte ich kein deutsches Fernsehen und hörte überhaupt nicht so viele Nachrichten. Ich bereitete mich auf meine dritte Expedition nach Spitzbergen vor und war gleichzeitig auf der Jagd nach einem eigenen Heim. Die wenigen Dinge, die einen hätten stutzen lassen können, gingen also an mir vorbei.

Natürlich war ich mir vollkommen im Klaren über Gorbatschows Politik des „Glasnost" (Durchsichtigkeit) und der „Perestrojka" (Umgestaltung). Ich hatte in Spitzbergen russische Geologen kennengelernt und gemerkt, dass jetzt zwangloses Zusammensein ohne politische Überwachung möglich war. Es wurde über größere Reisefreiheit für die Menschen im Ostblock gesprochen. Aber solches Gerede hatte es früher auch schon gegeben, ohne dass etwas daraus wurde.

Noch am 5. Februar wurde ein junger Mann auf einem Fluchtversuch an der Berliner Mauer erschossen, was die DDR-Behörden vergeblich zu verheimlichen versuchten. Und während auf seinem Begräbnis von einem tragischen Unglücksfall geredet wurde, veröffentlichten Oppositionelle in der DDR, dass er durch Grenztruppen ermordet worden war. Vielleicht bekam ich das am Rande mit, aber hatte wie gesagt andere Dinge im Kopf. Auch dass endlich Anfang April der Schießbefehl an der Grenze aufgehoben wurde, wusste ich nicht. Dass der Stacheldrahtzaun an der Grenze Ungarns zu Österreich abgerissen wurde, zog an mir vollkommen vorüber, denn es konnte ja trotzdem niemand so ohne weiteres ausreisen.

Aber als ich um die Wende August-September nach sechs Wochen Aufenthalt in der Wildnis Spitzbergens nach Oslo zurückkam, schien irgendetwas nicht mehr zu stimmen. Zwar war ich neben meiner Arbeit mit meinem Hauserwerb beschäftigt, aber ich spitzte nun doch die Ohren. Während meiner Abwesenheit in der Arktis hatten ausreisewillige DDR-Bürger die Ständige Vertretung der Bundesrepublik in Ost-Berlin und die deutschen Botschaften in Warschau, Prag und Budapest besetzt und diese schienen aus den Mauern zu platzen. Zahlreiche DDR-Bürger waren nach Ungarn in die Sommerferien aufgebrochen – mit der Absicht, nicht zurückzukehren. Am 10. September öffnete Ungarn seine Grenze nach Österreich und ließ alle, die es wollten, ausreisen.

Was war geschehen? Die Führung der Sowjetunion hatte durchblicken lassen, dass die anderen Ostblock-Länder nun auf sich gestellt waren und ihre Probleme selbst regeln mussten. Noch verschärfte die Tschechoslowakei die Grenzkontrollen zu Ungarn. Aber in Leipzig gingen regelmäßig immer mehr Leute auf die Straße – die sogenannten Montagsdemonstrationen – und oppositionelle Gruppen hielten plötzlich ganz offen Kundgebungen ab, statt sich in dunklen Hinterhöfen zu treffen. Tausende von DDR-Bürgern waren nun in der Ständigen Vertretung, bis die DDR-Parteiführung am 30. September aufgab und sie in den Westen ausreisen ließ, mit der Bemerkung, niemand weine ihnen eine Träne nach.

In der DDR-Parteispitze schien man ratlos zu sein. Es gab Ansätze, die Demonstrationen gewaltsam zu unterdrücken, mit Wasserwerfern, durch Niederknüppeln, und Verhaftungen der mutmaßlichen Rädelsführer. Bei einer angesagten Großdemo in Leipzig am 9. Oktober gab Honecker den Befehl, „Zusammenrottungen und Krawalle" mit allen Mitteln zu unterbinden. Ein großes Aufgebot von Polizei und Staatssicherheit wurde nach Leipzig entsandt. Man befürchtete eine „chinesische Lösung", d.h. eine Wiederholung des Massakers vier Monate zuvor auf dem Tian'anmen Platz in Beijing, der übersetzt sarkastischer Weise „Platz des Himmlischen Friedens" heißt. Aber es gingen 70 000 auf die Straße, friedlich für Reformen demonstrierend, mit Parolen und Plakaten mit der Aufschrift „Wir sind das Volk". Der Wille, die „chinesische Lösung" anzuwenden, fehlte nun doch. Es schien Dienstverweigerungen in den eigenen Reihen der Ordenskräfte zu geben. Es hätte dem Ansehen der DDR auch kaum genutzt und vermutlich deren Zerfall beschleuniget. Die Ordnungskräfte kapitulierten. Auch in anderen Städten der DDR waren Tausende zugegen.

Am 17. Oktober wurde Erich Honecker wegen Unfähigkeit, mit der Situation umzugehen, seines Amtes enthoben. Sein Nachfolger, Egon Krenz, ging die Sache pragmatischer an und stellte die aussichtslose finanzielle Lage der DDR fest, die dem Westen gegenüber hoch verschuldet war. Man verhandelte um weitere westdeutsche Kredite im Tausch gegen Reformen. Ein schnell verabschiedetes Reformgesetz war jedoch so wenig konkret, dass es die Demonstrationen nur noch mehr anstachelte. Um Druck abzulassen, öffnete man ab 1. November die Grenze zur Tschechoslowakei wieder. Nun setzten sich Kolonnen von Trabis in Bewegung und fuhren über die Tschechoslowakei und Ungarn gen Süden, von wo sie nach Österreich ausreisen konnten. Am 4. November ließ auch die Tschechoslowakei die direkte Ausreise nach West-Deutschland zu. Aber in Prag sah man sich der nicht endenden Auswandererzüge durchs eigene Land müde und übte Druck auf die DDR aus, die Ausreise von Ost nach West auf direktem Wege zuzulassen.

Bundeskanzler Kohl nutzte die Situation aus und sagte am 8. November der DDR eine „völlig neue Dimension von Wirtschaftshilfe" zu, falls die SED auf ihr Machtmonopol verzichtete und unabhängige Parteien und freie Wahlen zuließe. Das hätte natürlich das Ende des sozialistischen Experiments bedeutet – und das Ende der Privilegien der derzeitigen Machthaber.

Man bekam gar nicht mit, was auf höherer Ebene alles ablief, aber es war klar, dass die Situation sich zuspitzte. Erst später in rekonstruierten Dokumentarfilmen wurde einem der ganze politische Zirkus so richtig bewusst. Aber wie immer überholten die Ereignisse alles politische Gerede.

Am Donnerstag, dem 9. November kam ich von der Arbeit nach Hause und schaltete den Fernseher an. Plötzlich waren die ersten Grenzübergänge an der Berliner Mauer offen. Trabis fuhren den Kudamm entlang Parade. Menschen schrien euphorisch, weinten, lachten, fielen sich in die Arme. Nicht viel später schlugen andere mit Vorschlaghämmern auf die Mauer ein.

In den Regierungsämtern der DDR hatten Ratlosigkeit und Verwirrung geherrscht. Mangels klarer Anweisungen von oben mussten die Grenzbeamten vor Ort angesichts der Menschenmassen, die hindurch wollten, selbst Entscheidungen treffen. Am Ende trafen sie die richtigen.

In der Folgezeit kamen Bulldozer. Diese Mauer, in deren Schatten ich aufgewachsen war, vor kurzem noch wie ein eisiges Wahrzeichen des Kalten Krieges und wie ein unvergänglich erscheinendes Unheil die Stadt beherrschend, war fast über Nacht Geschichte geworden.

*

Gerne wäre ich Hals über Kopf nach Berlin gefahren, um das alles selbst zu sehen und mitzufeiern. Aber wie es das Schicksal so wollte, hatte ich für zwei Tage später Flugtickets nach St. Petersburg – damals noch Leningrad – in der Tasche. Es war meine erste Dienstreise in die Sowjetunion, auf der wir mit den russischen Geologen, die auf Spitzbergen arbeiteten, ein Kooperationsabkommen ausarbeiten wollten. Als meinen russischen Gastgebern klar wurde, dass ich ursprünglich Berliner war, gratulierten sie mir herzlich.

Auch in Russland hatten sie nach und nach die Änderungen verspürt, wenn auch noch nicht so tiefgreifend wie die Menschen in Berlin. Die Sowjetunion war noch gegenwärtig und man traute dem Frieden, das heißt den Schlagworten Glasnost und Perestrojka, nicht so ganz. Sie wurden benutzt, wenn es angenehm war, und vergessen, wenn sie irgendeiner Sache im Weg standen. Aber die Zeiten änderten sich auch in Russland und sollten unweigerlich innerhalb von zwei Jahren zur ebenso unblutigen Auflösung der Sowjetunion führen. Aber das ist wieder eine ganz andere Geschichte.

*

Bei meinen nächsten Berlin-Besuchen hatte ich wenig Zeit, weil ich mit meiner Arbeit ziemlich eingespannt war. Aber es war ungewohnt für mich, Autos mit DDR-Kennzeichen in den Straßen zu sehen. In den „Osten" fuhr ich erst nach der offiziellen Wiedervereinigung, die schon ein knappes Jahr nach dem Fall der Mauer, am 3. Oktober 1990 stattfand.

Für die ostdeutsche Bevölkerung hatte sich die politische Wahrheit grundlegend geändert. Das kam als ein Schock für alle, die an das System geglaubt hatten, aber als eine unendliche Erleichterung für die, die es satt hatten. Die Deutsche Demokratische Republik, die sich selbst als ein revolutionärer, moderner, demokratischer und sozialistischer Staat bezeichnet hatte, auf das Wohlergehen seiner Bevölkerung bedacht, der sich mit allen Mitteln gegen die faschistischen Versuche des Westens, ihn zu zerstören, zu wehren gehabt hatte, wurde plötzlich ein undemokratischer Spitzel- und Unrechtsstaat, der seinen Bürgern fundamentale Grundrechte verweigerte und dessen Führer sich auf Kosten des Volkes bereichert hatten.

Opi hatte sicherlich viel damit zu tun gehabt, das Geschehene zu verarbeiten. Er schrieb mir nicht mehr nach Norwegen. Wahrscheinlich wusste er nicht, was er schreiben sollte, wo doch der politische Themenkreis für ihn so wichtig gewesen war. Ich glaube, er hatte eingesehen, dass er sich in seinen sozialistischen Führern getäuscht hatte, dass sie in erster Linie an sich, ihre Machtpositionen und ihre Privilegien gedacht hatten, anstatt an des Beste fürs Volk. Zu meiner Mutter sagte er in seinem letzten Jahr noch: „Aber ist denn bei uns wirklich alles so schlecht gewesen? Es war doch auch vieles sehr gut."

Opi starb im Dezember 1991. Tante Grete lebte noch fünf Jahre länger. Ich hatte sie kurz vorher noch einmal mit meiner norwegischen Lebenspartnerin zusammen besucht. Sie hatte alles offenbar besser verkraftet, auch wenn ihre körperliche Gesundheit nicht mehr die beste war.

Ich wohne bis heute (2022) mit meiner Lebenspartnerin in Norwegen und werde wohl auch als Rentner bleiben. Wir haben einen Sohn, der inzwischen studiert. Meine Eltern wohnen immer noch in Berlin und es geht ihnen dem Alter entsprechend gut. Mein Bruder ist in die USA ausgewandert und lebt in South Dakota. In den letzten Jahren – seit der 25-Jahresfeier des Mauerfalls – fahre ich wieder mehrmals im Jahr in meine Heimatstadt, unterbrochen nur von der Corona-Pandemie. Wenn man älter wird, denkt man wieder mehr an alles Vergangene und alles Erlebte, als wenn man mitten im Leben steht.

Daher auch dieses Buch.

25-Jahresfeier des Mauerfalls am Brandenburger Tor, mit einer Reihe leuchtender Gasballons entlang der ehemaligen Mauer, 9. November 2014

YOU ARE LEAVING
THE AMERICAN SECTOR
ВЫ ВЫЕЗЖАЕТЕ ИЗ
АМЕРИКАНСКОГО СЕКТОРА

*VOUS SORTEZ
DU SECTEUR AMÉRICAIN*

SIE VERLASSEN DEN AMERIKANISCHEN SEKTOR

US ARMY

Grenzschild am Checkpoint Charlie, ehemalige Sektorengrenze, 2014

Mauerrest mit Graffiti-Kunst an der Eastside Gallery, 2013

NACHWORT

Über Berlin sind unheimlich viele Bücher geschrieben worden – nicht nur geschichtliche, politische und kulturelle, sondern auch Geschichten über Erlebtes und Erfahrenes. Ich habe nur wenige davon gelesen. Aber es ist mir aufgefallen, dass alle vollkommen anders sind. Man sollte kaum glauben, dass sie sich alle in der gleichen Stadt und zur gleichen Zeit abgespielt haben.

„Berlin ist mehr ein Weltteil als eine Stadt", sagte der Schriftsteller Jean Paul schon vor zweihundert Jahren. Und auch Heinrich Heine meinte um die gleiche Zeit: *„Keine Stadt hat nämlich weniger Lokalpatriotismus als Berlin. Der Grund dazu ist: Berlin ist gar keine Stadt, sondern Berlin gibt bloß den Ort dazu her, wo sich eine Menge Menschen versammeln, denen der Ort ganz gleichgültig ist."* Und der amerikanische Schriftsteller Mark Twain stellte fest: *„I don't believe there is anything in the whole earth that you can't learn in Berlin except the German language."* All das stimmte noch zu meiner Jugend und es stimmt auch weiterhin.

Aber es gibt auch mehr zeitgenössische Aussagen über Berlin. *„Berlin, die größte kulturelle Extravaganz, die man sich vorstellen kann"*, meinte David Bowie, der in der Musikszene der achtziger Jahre zugegen war. Und der Regisseur und Darsteller Gerke Freyschmidt äußerte in Michael Ballhaus' und Ciro Cappelens Film „In Berlin" von 2010: *„Was mich in Berlin gehalten hat, war einfach, dass man hier eben so viel Platz hat sich auszuleben und es ist ja auch das, weswegen die Leute auch heute immer noch nach Berlin kommen ... Du hast in Europa keine Stadt, wo du dich so entfalten kannst."*

Die Berliner sind außerdem eine Menschensorte für sich. *„Zu sagen, dass der Berliner Ton einen guten Ruf hätte, wäre nicht die Wahrheit. Er ist aber doch besser als sein Ruf. Was einem Fremden zunächst auf-*

fällt, ist das Lautsprechen und das Viel-Sprechen... Sie wissen alles, sie lassen niemand zu Worte kommen und unterbrechen jeden. Die Berliner sind sehr witzig und haben bis zu einem hohen Grade die Fähigkeit ausgebildet, die lächerlichen Seiten einer Sache herauszufühlen. *Vor Gott sind eigentlich alle Menschen Berliner"*, schrieb Theodor Fontane vor etwa 200 Jahren.

Obwohl heute dadurch, dass ein Viertel der Bevölkerung von Nicht-Deutschen abstammt, und auch die Deutschstämmigen sehr durch Nicht-Berliner verdünnt worden sind, gibt es immer noch eine besondere Berliner Mentalität. Hans-Joachim Kulenkampff, Schauspieler und Fernsehmoderator, sagte noch zu meiner Zeit: *„Das Berliner Publikum merkt schon im Voraus, was man sagen will – weshalb man viel weglassen kann."* Die zeitgenössische Fotografin Anneliese Bödecker meinte: *„Die Berliner sind unfreundlich und rücksichtslos, ruppig und rechthaberisch, Berlin ist abstoßend, laut, dreckig und grau, Baustellen und verstopfte Straßen, wo man geht und steht – aber mir tun alle Menschen leid, die nicht hier leben können."* Und Nora Tabel, ebenfalls Fotografin, behauptete: *„Man findet immer jemanden, der noch verrückter ist als man selbst."*

Alles das zeigt die Vielfalt Berlins, den Scharfblick ihrer Bewohner, und dass hier ganz einfach jeder der sein kann, der er sein will.

Aber egal, in welchen unterschiedlichen Kreisen, Szenen, Ortsteilen oder mit welchen Erwartungen man Berlin erlebt hat, so gibt es doch eine besondere Geschichte Berlins, die alles irgendwie miteinander vereint. Der Regisseur Nico Hofmann sagte es so: *"Berlin ist eben ein Mythos. Die Luftbrücke, die Mauer, der Kalte Krieg, die Maueröffnung, die Wiedervereinigung – diese Themen sind in aller Welt ein Begriff."* Sogar das Bombardement der Alliierten 1944-45 konnte Berlin nur vorübergehend kaputtmachen. Auch die Mauer schaffte es nicht, über Berlin zu siegen. Familientrennung, Todesschüsse, Trauer und Leid wurden am Ende besiegt. Willy Brandts Worte *„Berlin wird leben und die Mauer wird fallen"* wurden wahr. Berlin behauptete sich erneut. Die Stadt erhob sich mit noch größerer Vielfalt, noch größerem Durcheinander und noch größerer Anziehungskraft.

„Berlin ist eine Stadt, verdammt dazu, ewig zu werden, niemals zu sein." Diese Aussage aus dem Jahr 1910 stammt von dem Kunstkritiker Karl Scheffler. Wie recht er damit behalten sollte!

Nach 1945 musste Deutschland die Nazi-Zeit, die Katastrophe des Zweiten Weltkriegs und den Holocaust aufarbeiten – eine immense Aufgabe. All das prägte uns in unserer Jugend in dem Maße, dass wir nie wie andere Nationen auf unsere Vergangenheit und Herkunft stolz sein konnten.

Dann, nach 1989, musste Berlin die lange Teilung der Stadt, die teilweise Entfremdung der Bewohner beider Stadtteile und den Stasi-Terror im Osten aufarbeiten. Schon wenige Tage nach dem 9. November 1989 versuchten Staatssicherheits-Beamten, die enormen Archive von 111 km Regallänge abzutransportieren und zu verbrennen. Bürgerrechtler wurden schnell darauf aufmerksam und besetzten die entsprechenden Gebäude, um zu sichern, dass der Staatsterror für die Nachwelt dokumentiert wurde.

Für mich selbst begann die Aufarbeitung meiner Jugend in Berlin genau 25 Jahre verspätet. Dadurch, dass ich voll im Berufsleben im Ausland stand und ganz andere Herausforderungen hatte, lief das für mich alles ein wenig am Rande ab. Aber im Oktober 2014 las ich im Internet plötzlich über die geplante 25-Jahresfeier an der ehemaligen Berliner Mauer und kaufte Hals über Kopf Flugtickets. Wahrscheinlich war es mein Alter von nun 58 Jahren, dass ich inzwischen mehr dazu neigte, den abgerissenen Faden meiner Jugend wieder aufzunehmen. Gleichzeitig versuchte ich auch, mit meinen damaligen Bekannten und Freunden wieder in Kontakt zu treten. Es gelang mir auch mit den meisten. Einige von ihnen hatte ich fast 40 Jahre lang nicht gesehen.

Und dann war ich Anfang November 2014 in Berlin. In der ganzen Stadt waren Ausstellungen – an der Mauergedenkstätte, am Potsdamer Platz, am Checkpoint Charlie und an vielen anderen Orten. Menschen hatten Blumen vor den Bildern der 138 Toten an der Mauer niedergelegt. Bilder vom Checkpoint Charlie, der Bernauer Straße, der Glienicker Brücke usw. wurden zum Vergleich durch die Jahre 1961 bis 1989 auf großen Plakaten gezeigt. 28 Jahre hatte die Mauer gestanden, nur das Drittel eines modernen Menschenlebens. Aber für Leute wie mich, die damit aufgewachsen waren, hatte sie einen Teil der Kindheit, der Heimat, bedeutet. Sie war unerwünscht, aber sie war ein Teil des Lebens gewesen. Natürlich hatte sie auch etwas damit zu tun, dass ich Berlin nach dem Studium verließ, obwohl sie kaum der Hauptgrund dafür war.

Und dann stand ich unter Zehntausenden von Menschen am Brandenburger Tor vor einer „Mauer" aus leuchtenden Gasballons. Eine Freilichtbühne, Bildschirmwände und eine Orchesterhalle waren dort errichtet. Das Wetter war fröstlich, aber man spürte überall menschliche Wärme. Musiker von beiden Seiten der ehemals geteilten Stadt traten auf. Darunter war auch Wolf Biermann, damals scharfer Kritiker des DDR-Regimes, der dort im Gefängnis saß und dann aus der DDR ausgebürgert wurde. Offizielle, feierliche Reden wurden gehalten. Auch Michail Gorbatschow war zu sehen. An einem der Vortage hatte er sogar eine Rede gehalten, die ich aber leider verpasste.

Die Ballons entlang der ehemaligen Mauer stiegen unter dem Applaus der Bevölkerung in die Luft, so wie sich damals die wirkliche Mauer in Luft auflöste. Beethovens 9. Symphonie ertönte aus der Orchesterhalle. Dann Feuerwerk – das Brandenburger Tor leuchtete auf. Nach dem offiziellen Teil trat Udo Lindenberg auf der Freilichtbühne auf. Berlin feierte, wie immer bis weit in die Nacht hinein.

Das vierzigjährige Experiment DDR hat gezeigt, dass man nicht gegen die Natur des Menschen ankommt. Wenn man den Sozialismus von der Welt abschotten, ihn einsperren und ein aufwendiges Spitzelsystem unterhalten musste, um die Bevölkerung zu überwachen, dann hatte er keine Zukunft. Es musste einfach so kommen. Ein funktionierendes Gesellschaftssystem muss mit der Natur des Menschen vereinbar sein.

Heute kann man als Berliner trotzdem wieder stolz sein – nämlich darauf, wie Berlin mit allem weitgehend fertig geworden ist. Die Dynamik dieser Stadt, in der ihre Stärke liegt, hat trotz aller Höhen und Tiefen vieles bewältigt. Denn wenn heute irgendwo die deutsche Teilung überwunden ist, dann in Berlin – auch wenn ich selbst als „Abtrünniger" wenig dazu beigetragen habe.

Danksagung

Mein herzlicher Dank gilt meinen Eltern Hannelore und Horst, die sich viel Mühe gegeben haben, ihre Erinnerungen zu sortieren und nach und nach an mich weiterzugeben. Auch mein Bruder Wolfgang hat den ersten Entwurf des Manuskripts ausgiebig kommentiert und eine Menge Details hinzugefügt. Meinem Großvater Erich (Opi) will ich im Nachhinein dafür danken, dass er uns seine Erinnerungen zu Lebzeiten schriftlich übermittelt hat.

Alle meine Verwandten und engeren Freunde sollen in der Gewissheit leben oder ruhen, dass sie das Ihre dazu beigetragen haben, meine Kindheit und Jugend positiv zu gestalten, jeder und jede einzelne nach seinen oder ihren Möglichkeiten. Ich denke an Euch alle mit Liebe und Wohlwollen!

Karten

Karte 1: Deutschland vor dem 2. Weltkrieg
Karte 2: Deutschland 1949-1990
Karte 3: Deutschland seit 1990/92
Karte 4: Berlin 1949-1990
Karte 5: Berlin 1949-1990, westliche Innenstadt
Karte 6: Berlin nach 1990

Karte 1

UdSSR

O s t s e e

Königsberg

Freie
Stadt
Danzig

Ostpreußen

Pommern

West-
Preußen

ttin
Stargard
Soldin

E N

Grenz-
Mark

Warszawa
(Warschau)

P o l e n

Nieder-
schlesien   *Breslau*

Ober-
schlesien

Praha
(Prag)

Tschechoslowakei

Wien

Österreich

Ungarn

DEUTSCHES REICH
vor dem 2. Weltkrieg

— Staatsgrenze
— Provinzgrenze im Deutschen Reich
--- Ostgrenze der entmilitarisierten Zone
--- Deutsche Gebiete bis zum 1. Weltkrieg

Maßstab 1 : 5 Mill.

0   50   100   150   200   250 km

UdSSR

an die UdSSR
angegliedert

• Kaliningrad
(Königsberg)

Ostsee

Gdansk
(Danzig)

an Polen
angegliedert

Szczecin
(Stettin)

Warszawa
(Warschau)

P o l e n

an Polen
angegliedert

Wrocław
(Breslau)

Praha
(Prag)

Tschechoslowakei

Wien

Österreich

Ungarn

DEUTSCHLAND
1949-1990

Staatsgrenze

Landesgrenze innerhalb der BRD u. DDR

Grenze nicht anerkannter ehemaliger
deutscher Ostgebiete, aufgegeben 1970

Alliierte Zonengrenze in der BRD

Maßstab 1 : 5 Mill.

0   50   100   150   200   250 km

Karte 3

København
(Kopenhagen)

Sch

D ä n e m a r k

N o r d s e e

Schleswig-
Holstein

Mecklenburg
Vorpommer

Hamburg

Bremen

Brande

Niedersachsen

Berlin

**Nieder-
lande**

Nordrhein-
Westfalen

Sachsen-
Anhalt

Bundesrepublik

Bonn

Sac

**Bel-
gien**

Thüringen

Hessen

Rheinland-
Pfalz

Lux.

Frankfurt

Deutschland

Saar-
land

Bayern

Frankreich

Baden-
Württemberg

München

Zürich

Schweiz

Lie.

Litauen

Russland

● Kaliningrad
(Königsberg)

O s t s e e

● Gdansk
(Danzig)

● Szczecin
(Stettin)

● Warszawa
(Warschau)

P o l e n

● Wrocław
(Breslau)

● Praha
(Prag)

Tschechien

Slowakei

● Wien

Österreich

Ungarn

DEUTSCHLAND
seit 1990/92

—— Staatsgrenze
—— Bundesländergrenze

Maßstab 1 : 5 Mill.

0   50   100   150   200   250 km

Karte 4

Reinickendorf

französischer

14

Tegeler See

Niederschönhausen

Sektor

Karte 5

Kuhlake

Havel

Flughafen Tegel

Wedding

2

Spandau

3

13

West-Berlin

Tiergarten

Mitte

12

Spree

4

1

Charlottenburg

5

6

britischer Sektor

Kreuzberg

Wilmersdorf

Schöneberg

Flugh. Tempelhof

Glienicker See

Havel

amerikanischer Sektor

Zehlendorf

Wannsee

Steglitz

Tempelhof

11

10

BERLIN
1949-1990

Grenzübergänge
- ○ Allgemein
- ● West-Berliner
- ● W.-B. / BRD-Bürger
- ● BRD-Bürger
- ● Ausl./Diplomaten
- ● Straßen-Transit
- ● Bahn-Transit
- ● Flugh. Schönefeld

Stadtgrenze	
Bezirksgrenze	
Zonengrenze	
Berliner Mauer (ab 1961)	

Maßstab 1 : 190 000

0   2   4   6   8   10 km

Grenzübergänge
1. Friedrichstraße (U/S-Bahn)
2. Bornholmer Straße
3. Chausseestraße
4. Invalidenstraße
5. Checkpoint Charlie
6. Heinrich-Heine-Straße
7. Oberbaumbrücke
8. Sonnenallee
9. Waltersdorfer Chaussee
10. Drewitz-Dreilinden
11. Griebnitzsee
12. Heerstraße
13. Staaken
14. Stolpe

Weißen-see

Hohenschön-hausen

uer rg

edrichs-hain

sowjetischer

Marzahn

Lichten-berg

Hellers-dorf

w

Ost-Berlin

Sektor

8

Treptow

Spree

Müggelsee

Spree

Köpenick

eukölln

9

Dahme

Flughafen Schönefeld

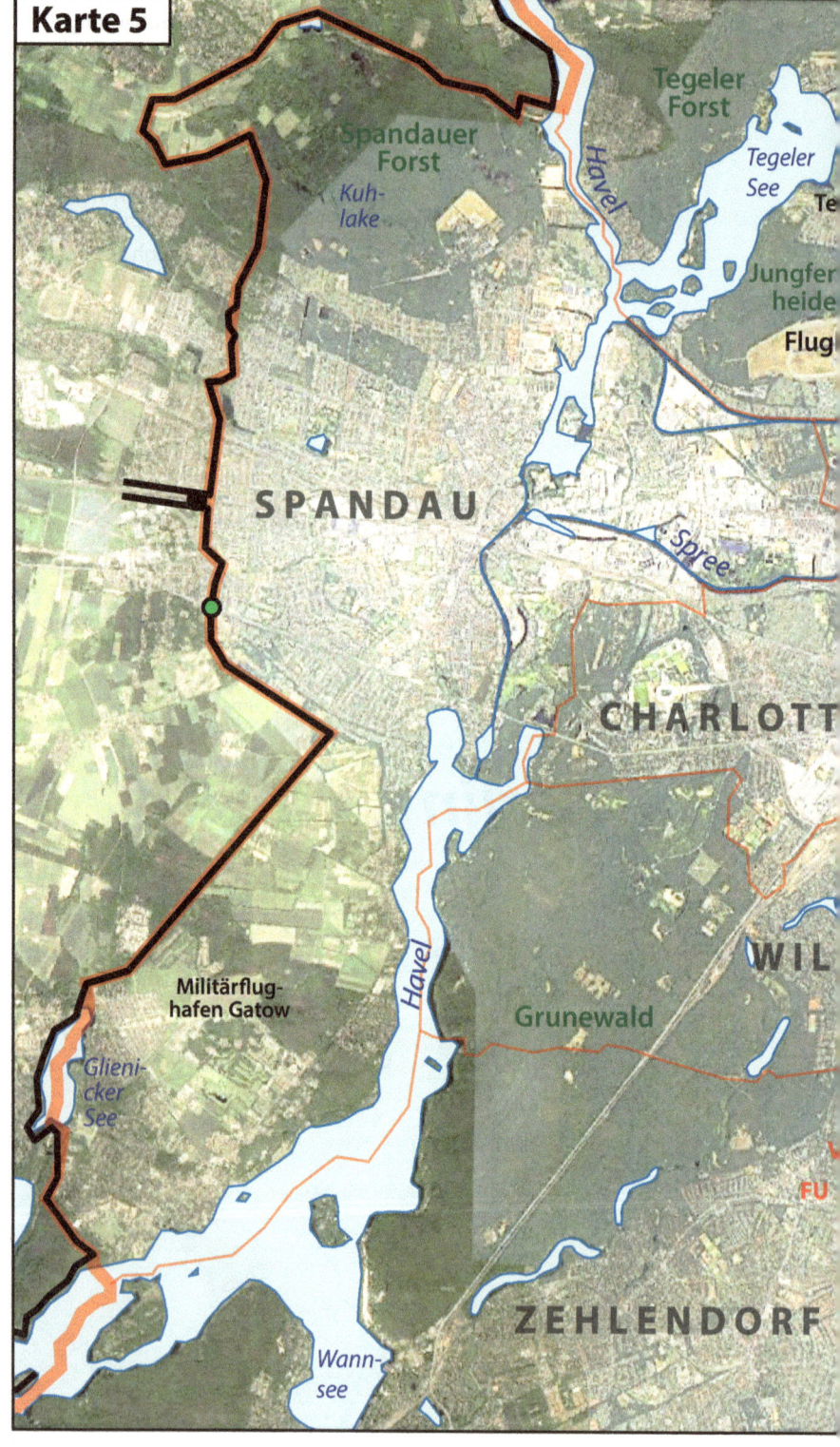

Karte 5

Tegeler
Forst

Spandauer
Forst

Tegeler
See

Te

Kuh-
lake

Jungfer
heide

Flug

Havel

SPANDAU

Spree

CHARLOTT

WIL

Militärflug-
hafen Gatow

Havel

Grunewald

Glieni-
cker
See

V

FU

Wann-
see

ZEHLENDORF

PANKOW

A: Attendorner Weg
CC: Checkpoint Charlie
FR: Friedrichstaße
FU: Freie Universität
RS: Rathaus Schöneberg
S: Schöningstraße
SA: Stalin-Allee
SC: Schlosspark Charlottenburg
SS: Schiller-Gymnasium
T: Thrasoltstraße
TU: Technische Universität
VJ: Volkspark Jungfernheide
VM: Völkerkundemuseum
W: Wiersichweg
WFS: Wilhelm-Foerster-Sternwarte

Nieder-schön-hausen

EINICKENDORF

Tegel

S

WEDDING

PRENZLAUER BERG

J
W

TIER-
GARTEN

MITTE

SA

FRIEDRICHS-HAIN

FR Zentrum Ost

Spree

T

BURG SSTU

Tiergarten

Zoo

Zentrum West

CC

KREUZBERG

TREPTOW

RSDORF

SCHÖNE-

RS

BERG

Flughafen Tempelhof

NEUKÖLLN

WFS

TEMPEL-HOF

TR.

STEGLITZ

BERLIN 1949–1990

Legende: siehe Karte 4
Hintergrund: Google Earth

Maßstab 1 : 100 000

0   1   2   3   4   5 km

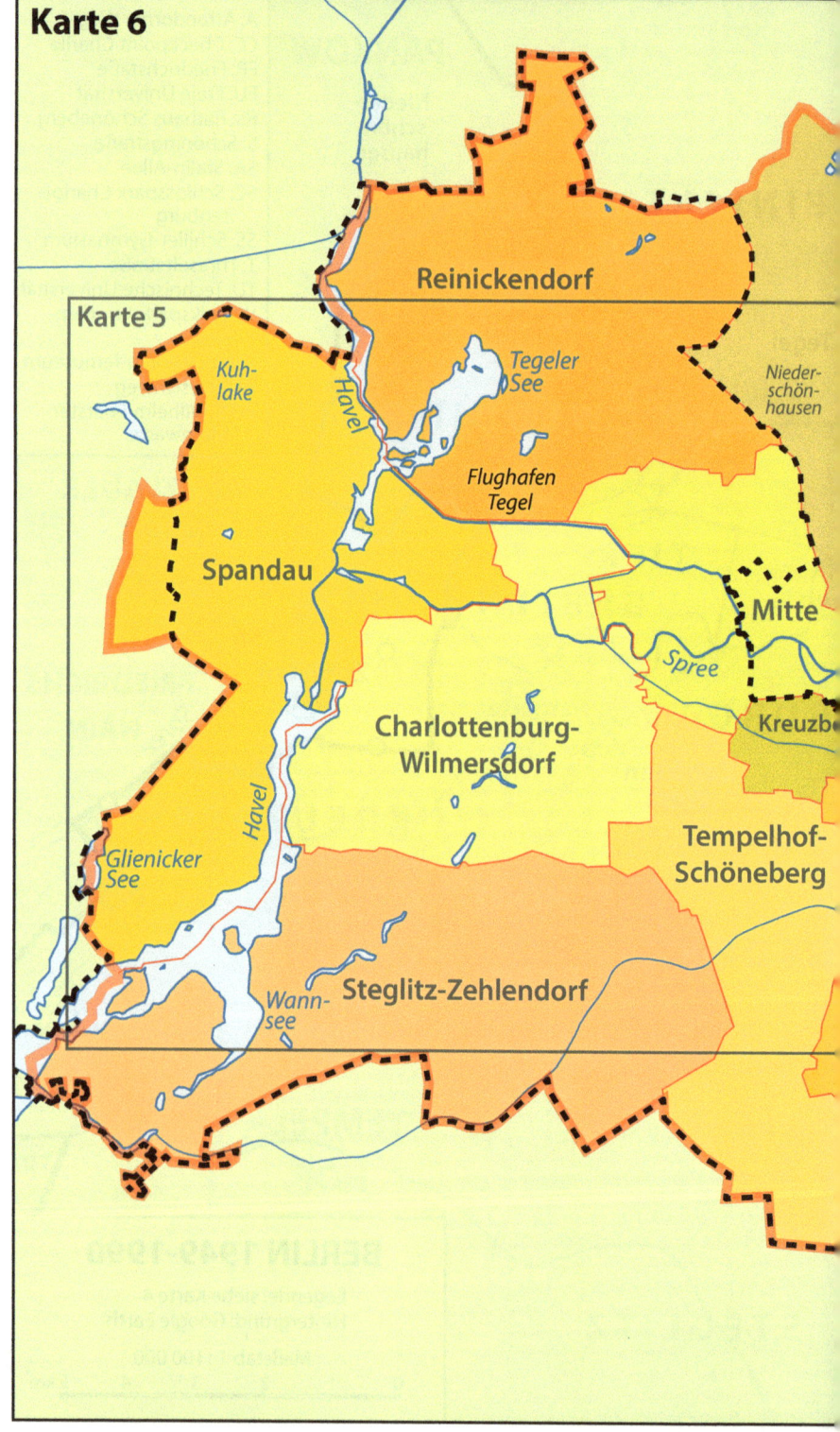

Karte 6

Karte 5

Reinickendorf

Kuh-
lake

*Tegeler
See*

*Nieder-
schön-
hausen*

Havel

*Flughafen
Tegel*

Mitte

Spandau

Spree

Charlottenburg-
Wilmersdorf

Kreuzb

Havel

Tempelhof-
Schöneberg

*Glienicker
See*

*Wann-
see*

Steglitz-Zehlendorf

BERLIN nach 1990

Stadtgrenze
Bezirksgrenze
Verlauf der ehe-
maligen Mauer

Maßstab 1 : 190 000

0   2   4   6   8   10 km

ankow

Lichten-
berg

Marzahn-Hellersdorf

edrichs-
ain-

Spree

Müggelsee

Spree

euköln

Treptow- Köpenick

Dahme

Flughafen
Schönefeld / Berlin
Brandenburg (seit 2020)

Vom gleichen Verfasser:

Tränen am Ararat.
Books on Demand, Norderstedt, 2018/19.
216 Seiten, 4 Karten.
ISBN: 978-3-746-09879-1

Der Berg Ararat, der Massis der Armenier, steht wie ein Pfeiler zwischen West- und Ostarmenien, der verlorenen und der wiedergewonnenen Heimat. Er ist das Sinnbild für das Leiden eines Volkes, das durch zahllose Jahrhunderte hinweg keine Ruhe gefunden hat.

Im Sommer 1976, als abenteuersuchender Zwanzigjähriger, reiste der Verfasser durch die östliche Türkei, um nach den Spuren des Völkermordes zu suchen und sich ein Bild von der Situation der wenigen Übriggebliebenen zu machen. Die Geschehnisse lagen damals schon etwa sechs Jahrzehnte zurück.

Inzwischen sind weitere vierzig Jahre vergangen. Deutschland hat 2016 endlich jenen Völkermord offiziell als solchen anerkannt, während die Türkei ihn weiterhin verleugnet. Mehrfach hat es seitdem politische Turbulenzen in der Türkei gegeben. Das Thema der Minderheiten im Lande gewinnt jedes Mal an Aktualität, auch gegenwärtig. Sollte man nicht versuchen, aus der Vergangenheit für die Zukunft zu lernen?

Dieses Buch ist eine Momentaufnahme aus der jüngeren Geschichte, in der Form eines Reisetagebuchs mit dokumentierten Rückblicken in die Zeit des Völkermordes und mit einer Bilanz der damaligen Zustände. Ein aktualisierendes Vorwort und spätere Anmerkungen stellen den Bezug zur Gegenwart her.

Jenseits der Welten, nördlich der Nacht.
Books on Demand, Norderstedt, 2021.
248 Seiten, 9 Karten.
ISBN: 978-3-752-66643-4

Die nordische Natur ist weit, unendlich weit. Wälder, Sümpfe, Berge und Täler — nicht nur soweit das Auge sieht, sondern auch soweit die Füße tragen. Sie ist dünn bevölkert, wenn man sie mit südlicheren Gefilden vergleicht — sehr dünn. Aber können wir deshalb damit machen, was wir wollen?

Die Geschichten, die hier erzählt werden, gehen von eigenen Erlebnissen des Verfassers aus. Anfängliche romantische Faszination weicht nach und nach nüchterner Betrachtung und es werden vielerlei Hintergründe aufgedeckt. Doch trotz aller Kenntnis von Fakten bleibt eine Hingezogenheit zum hohen Norden bestehen, die einen nicht loslässt und immer wieder ruft.

Allmählich wird diese zunächst unnahbar erscheinende Wildnis mit Inhalt gefüllt. Zum Schluss ist sie überhaupt nicht mehr leer, sondern voll von Menschen, Mythen, Schicksalen und Problemen. Und fast unmerklich werden nach und nach sogar die Grenzen zu unserer gewohnten Welt immer weniger deutlich.

Für lange Zeit waren die indigenen Völker die Hüter dieser Natur. Was ist daraus geworden?

Weiße Nächte. Zwanzigmal Spitzbergen -
als Geologe in wegloser Arktis.
Books on Demand, Norderstedt, 2021.
350 Seiten, 10 Karten.
ISBN: 978-3-754-35703-3

Der Mythos von Svalbard (Spitzbergen) ist weglose Arktis, riesige Gletscher, schroffe Gebirge, Stürme, Mitternachtssonne und Winternacht, Eisbären und Robben — Abenteuer und Geheimnis. Hier wollen viele Menschen aus dem Süden ihre Träume verwirklichen. Nicht wenige haben hier unvergleichliche Erlebnisse gehabt, aber auch große Enttäuschungen erlitten. Einige haben es nicht überlebt.

Zu allen Zeiten seit ihrer Entdeckung — ob es nun die Wikinger waren, oder Willem Barentsz mit seiner Crew — zu allen Zeiten hat man etwas Magisches, Geheimnisvolles mit dem Namen dieser Inselgruppe in der europäischen Arktis verbunden.

Heute ist Svalbard bekannt, besucht und erforscht — jedenfalls im Vergleich zu vielen anderen arktischen Gebieten der Erde. Aber immer noch ist es weglose Arktis.

Viel ist darüber geschrieben worden, besonders hier in Norwegen. Was dieses Buch von anderen unterscheidet, ist der Ausgangspunkt. Wir fuhren nie des Abenteuers wegen dorthin, nie auf eigene Kosten und nie, um irgendetwas anderes als geologische Karten und Fachliteratur darüber zu veröffentlichen. Aber nun reizt es all das andere Erlebte zu Papier zu bringen.

https://wkdallmann.webnode.com

Das Thema der Erzählungen ist die Natur, ihre Herausforderungen, ihre Faszination, ihre Gefahren und die Kenntnis, wie man mit ihr umgeht. Man kommt aber auch nicht an anderen Themen vorbei: die Geschichte der Erforschung und Ausbeutung der Reichtümer, die Norwegen-Russland-Problematik und Svalbard als Spielwiese der Umweltschützer — alles aus meiner eigenen Sicht natürlich, der Sicht des zufälligen, aber aufmerksamen Beobachters.

In jedem Fall ist Svalbard einzigartig.

Über den Verfasser:

Winfried K. Dallmann, geboren 1956 in Berlin, wuchs in West-Berlin auf, wo er auch an der Technischen Universität Geologie studierte. 1982 zog er nach Norwegen und promovierte dort 1987 an der Universität Oslo. Anschließend begann er seine Arbeit am Norwegischen Polarinstitut in Oslo. Er folgte diesem bei dessen Umzug 1999 nach Tromsø. Seine Arbeit betraf hauptsächlich die geologische Kartierung Svalbards (Spitzbergens).

Nebenbei beschäftigte er sich seit seiner Jugend mit den Problemen ethnischer Minderheiten und indigener Völker, beginnend mit einer Reise in die östliche Türkei im Jahre 1976, wo er nach den Spuren des armenischen Völkermordes von 1915-1922 suchte und um sich ein Bild vom derzeitigen Schicksal der Armenier in der Türkei zu machen. Später verbrachte er viel Zeit mit Untersuchungen und Berichterstattungen über indigene Völker der Arktis, insbesondere, nach dem Zerfall der Sowjetunion, den in Russland ansässigen. Seine Veröffentlichungen sind zumeist in englischer Sprache erschienen.

Sein erstes deutschsprachiges Buch ist „Tränen am Ararat" (Books on Demand, 2018/19), welches sich mit seinen frühen Erkenntnissen anlässlich seiner Reise 1976 mit den in der Türkei lebenden Armeniern befasst. 2020 veröffentlichte er die norwegische Übersetzung im eigenen Verlag.

Die nachfolgende Erzählung „Jenseits der Welten, nördlich der Nacht" (Books on Demand, 2021) baut auf seinen Erlebnissen und Begegnungen im hohen Norden Europas und Russlands auf.

Das dritte Buch „Weiße Nächte" (Books on Demand, 2021) schildert Erlebnisse während seiner geologischen Geländearbeit auf Svalbard und umspannt die Zeit von 1987 bis 2015. Neben den Herausforderungen und der Faszination der Natur werden dem Leser Themen wie die Geschichte der Erforschung der Inselgruppe, die Norwegen-Russland-Problematik und die Veränderungen der Umwelt vermittelt.

Das vorliegende Buch „Die Insel hinter dem Eisernen Vorhang" handelt von seiner Kindheit und Jugend im geteilten Berlin, mit Rückblicken auf die Kriegszeit aus den Erzählungen seiner Eltern und Großeltern.

.